MINIATUR-BIBLIOTHEK
Die Kleinbücherei für jedermann

Lateinische Zitate

Kernsprüche und Redensarten

Mit einem lateinischen und einem deutschen Schlagwortregister

Zusammengestellt von
OTTO CATO

Neubearbeitet von
HUGO BIRNBAUM

Gerstenberg Verlag · Hildesheim

Umschlaggestaltung: Günter Pietsch, Hildesheim
Herstellung: Voigt-Druck, 3170 Gifhorn
ISBN 3-8067-8048-X

Vorwort

Wer jemals in seiner Schulzeit lateinischen Unterricht genossen hat, wird sich in späteren Jahren sicherlich des einen oder anderen Wortes erinnern, das ihn seinerzeit irgendwie beeindruckt hat, sei es, daß ihm ein Gedanke als Lebensweisheit gefiel oder eine Äußerung Aufschluß über das kulturelle Leben einer vergangenen Zeit gab oder daß er auch nur seine Freude hatte an der Gedrängtheit und Schärfe einer sinnvollen Ausdrucksweise. Dieses Heftchen, das naturgemäß die reiche Fülle der römischen Geisteswelt nicht annähernd ausschöpfen kann, mag dazu dienen, halbvergessene Zitate, Kernsprüche und Redensarten in das Gedächtnis zurückzurufen. Es soll niemanden zum Zitatenjäger machen, der bei jeder passenden oder unpassenden Gelegenheit mit bekannten Aussprüchen um sich schießt; aber es wird den einen oder anderen doch in die Lage versetzen, die „Gelehrsamkeit" anderer zu verstehen, er braucht sie nicht mit verlegenem Lächeln zu quittieren, sondern kann selber seine „Weisheit" an den Mann bringen. Abusus non tollit usum!

Damit ein Zitat, das möglicherweise nur mit einem einzelnen Wort in der Erinnerung haften geblieben ist, sicher aufgefunden werden kann, sind dem Heftchen zwei Schlagwortregister beigegeben, von denen das lateinische so eingerichtet ist, daß das zur Verfügung stehende Wort, wenn nicht als Anfangswort in der alphabetischen Folge, so doch auf einer der angegebenen Seiten erscheint. Wird ein Zitat nach einem deutschen Leitwort gesucht, so kann das natürlich nur nach der Seitenzahl geschehen. Dabei ist wegen der verschiedenen Übersetzungsmöglichkeiten nicht unterschieden zwischen Substantiv, Adjektiv, Verb oder Adverb, sondern der Begriff war maßgebend (so sind z. B. Glück, glücken, glücklich – zusammengefaßt unter: Glück).

Hugo Birnbaum.

A baculo ad angulum = von der Seite (Stock) eines Dreiecks auf den Winkel (schließen), d. h. ganz unlogisch, verkehrt

ab alio amentatas hastas torquere = die von einem anderen wurfbereit gemachten Lanzen schleudern; die Pfeile verschießen, die ein anderer geschnitzt hat (Cic. de orat. 1, 57, 242)

abducet praedam, qui occurrit prior = die Beute nimmt, wer zuerst kommt; wer zuerst kommt, mahlt zuerst (Plaut. Ps. 4, 7, 101)

ab hoc et ab hac et ab illa = von diesem und von dieser und von jener, d. h. ohne Ordnung bunt durcheinander, ins Blaue

ab igne ignem = vom Feuer Feuer (Cic. de officiis 1, 16, 32) sagt der Raucher scherzend, wenn er um Feuer bittet

abi atque abstine manum = geh und bleibe mir vom Leibe! (eig. halte die Hand zurück)

abi in malam crucem! (abin' hinc in malam rem) = Geh zum Kuckuck! Geh zum Geier! Pack dich zum Henker!

abiit, excessit, evasit, erupit = er ging, er machte sich fort, er enteilte, er entrann (Cic. or. in Catilinam II, 1)

ab initio nullum, semper nullum = anfänglich Nichtiges bleibt immer nichtig

ab intestato = ohne letztwillige Verfügung, z. B. jemand beerben

ab Iove principium = mit Jupiter wollen wir beginnen (Verg. Eclog. 3, 60) ab ovo = (vom Ei an) von Anfang an. Horaz erwähnt in seiner ars poetica Vers 147 rühmend, daß Homer den trojanischen Krieg nicht „vom Ei" der Leda an, aus dem Helena hervorging, zu erzählen beginne

ab ovo usque ad mala = vom Ei bis zu den Äpfeln, das ist vom Anfang bis zum Ende (die altröm. Mahlzeiten fingen mit Eiern an und endeten mit Obst); (Horaz, Satir. 1; 3, 6)

abrupte cadere in narrationem = ohne Eingang die Erzählung beginnen, mit der Tür ins Haus fallen (Quint 4; 1, 79)

absit = das sei ferne, Gott behüte!

absit omen = möge keine schlimme Vorbedeutung dabei sein! Unberufen!

abusus non tollit usum = Mißbrauch hebt den (rechten) Brauch nicht auf

a. c. = anni currentis = laufenden Jahres

a capillo usque ad ungues = vom Kopf bis auf den Fuß (oder a vestigio ad verticem und a vertice ad imos talos)

a capite (usque) ad calcem = von Kopf zu Fuß

accedo nemini = ich stimme keinem bei, wähle keinen der Vorgeschlagenen (bei der Papstwahl)

accidit in puncto, quod non speratur in anno = es ereignet sich im Augenblick, was man im Jahre nicht erhofft; unverhofft kommt oft

accipere quam facere praestat iniuriam = besser Unrecht leiden als Unrecht tun

accipitri columbas credere = dem Habicht Tauben anvertrauen, den Bock zum Gärtner setzen (Ovid amores 2, 363)

acer potor = ein trinkfester Zecher (Horaz Satir. 2; 8, 37)

a. Chr. (n.): ante Christum (natum) = vor Christi Geburt

acti labores iucundi = getane Arbeiten sind angenehm; nach getaner Arbeit ist gut ruhen
actum ut supra = verhandelt wie oben, Schlußformel in Protokollen bei wiederholter Angabe des Schreibtages.
acu tetigisti = du hast den Nagel auf den Kopf getroffen (Plautus rudens 5, 2, 17)
A. D. = anno Domini, im Jahre des Herrn
ad absurdum führen = einen der Ungereimtheit, Vernunftwidrigkeit überführen
ad acta legen = beiseite legen, d. h. etwas für abgetan ansehen
ad alienam voluntatem loqui = den Leuten nach dem Munde reden
ad calendas Graecas (auf die griechischen Kalenden) = auf den Nimmermehrstag. Die Griechen hatten keine calendae oder römische Benennung der ersten Monatstage
additus ab insolenti Gallo ponderi gladius = sein Schwert in die Waagschale werfen (Liv. 5, 48)
ad hastam = (zur Lanze) zur öffentlichen Versteigerung
ad hoc = hierfür, zu diesem (bestimmten) Zweck
adhuc sub iudice lis est = der Streit ist bisher noch vor dem Richter, d. h. der Streit ist noch nicht entschieden (Horaz, ars poëtica 78)
adhuc tua messis in herba est = dein Weizen soll noch blühen, d. h. dein Wunsch ist noch weit vom Ziele (Ov. Her. 17, 263)
ad infinitum = ins Unendliche
ad libitum = nach Belieben
ad loca! = auf die Plätze! setzt euch
ad maiorem Dei gloriam = zur größeren Ehre Gottes
ad mandatum Serenissimi proprium = nach höchsteigenem Befehle

ad meliorem (fortunam) = auf bessere Zeiten
ad modum tenui filo suspensum esse = an einem ziemlich dünnen Faden aufgehängt sein; an einem seidenen Faden hängen (V. Max 6; 4, 1)
ad nauseam usque = bis zum Ekel oder Überdruß, bis zum Erbrechen (nausea = Seekrankheit)
ad notam = zum Vermerk (ad notam nehmen d. i. sich merken)
ad oculos = vor Augen (u. a. demonstrieren, d. i etwas so deutlich erklären, daß man es gleichsam lebendig vor Augen sieht)
adolescentia deferbuit = die Jugend hat ausgebraust
ad patres = zu den Vätern (a. p. = gehen, d. h. sterben)
ad pias causas = zu wohltätigen Zwecken
ad publicandum = zur Nachricht
ad referendum = zur Berichterstattung, zum Bericht
ad rem = zur Sache
ad rem attentum esse = auf das Seinige bedacht sein
ad se atque suos mores redire = zu sich und zu seinen (alten) Sitten zurückkehren; wieder auf die alten Sprünge kommen
ad valorem = dem Werte nach
ad verbum = Wort für Wort, wörtlich
adversae res admonent religionem = Widerwärtigkeiten mahnen zur Gottesfurcht, Not lehrt beten (Livius 5; 51, 8)
adversum stimulum calces iactare = wider den Stachel löcken (Terenz, Phormio 1; 2, 28), unnützen Widerstand leisten
ad vocem = zu oder bei dem Worte (fällt mir ein usw. oder möchte ich bemerken usw.)

aequam memento rebus in arduis servare mentem (Horaz, Oden 2; 3, 1). Bedenke stets, dir im Unglück deinen Gleichmut zu bewahren

aequo animo audienda sunt imperitorum convicia = gleichmütig muß man die Schmähreden Unkundiger hören; was von mir ein Esel spricht, das acht ich nicht (Sen. Ep. 76, 4)

aequus animus optimum aerumnae condimentum = Gleichmut ist die beste Würze in Trübsal (Plaut)

aere perennius = dauernder als Erz, siehe monumentum etc. (Horaz Oden, III; 30)

aeris alieni comes miseria = Elend ist der Begleiter fremden Geldes; Borgen macht Sorgen (Pl. 7; 32, 32 § 119)

aes alienum contrahere (conflare) = Schulden machen

aetas volat = die Zeit entflieht schnell

a. f. = anni futuri = künftigen Jahres

afflavit Deus et dissipati sunt = Gott blies und sie verschwanden (Inschrift einer Münze zur Erinnerung an den Untergang der Armada 1588)

a fortuna desertum (derelictum esse) = vom Glück verlassen sein, auf keinen grünen Zweig kommen (ab omni fortuna derelictum esse)

ager spurcus sterilis est = ein schlechter Acker ist unfruchtbar

agnus Dei = Lamm Gottes (Joh. 1, 29)

albae gallinae esse filium = der Sohn einer weißen Henne, d. h. ein Glückskind sein (Iuvenal 13, 141)

alea iacta est = (der Würfel ist geworfen), es ist gewagt, nach Sueton (Caesar 32), Cäsars Ausspruch beim Überschreiten des Grenzflusses Rubicon. Plutarch erwähnt (Pompejus Kap. 30), daß Cäsar griechisch gesagt hätte: anerriphtho kybos aliena negotia non curare = sich um fremde Sachen nicht kümmern, vor seiner Türe kehren (Horaz, Satiren 2; 3, 19)

aliena vitia in oculis habemus, a tergo nostra sunt = fremde Laster haben wir vor Augen, die unseren im Rücken; den Balken in seinem Auge nicht sehen und den Splitter anderer bemerken (Sen. de ira 2, 28, 6)

alienis gloriari bonis = sich mit fremden Federn schmücken (Phaedr. 1; 3, 1)

a limine = (von der Schwelle), von vornherein z. B. ablehnen

aliorum vitia cernere, oblivisci suorum = fremde Laster wahrnehmen, seine eigenen vergessen (Cicero, Tusc. 3; 30, 73)

aliquid haeret = es bleibt doch etwas hängen s. audacter

alma mater = nährende Mutter, altrömische Göttin; Hochschule

altera pars Petri = der andere Teil des Petrus, d. h. Urteilsvermögen (Nach 2. Buche de iudicis der Sententiarum des Petrus Lombardus † 1164)

alter ego = (das andere Ich), ein Stellvertreter, Freund (Stoiker Zeno, 340 v. Chr.)

alterius ingenio uti = sich des Geistes eines anderen bedienen; mit fremdem Kalbe pflügen (Tac. Hist. 1; 90, 2)

altior adversis = über Widerwärtigkeiten erhaben; (Devise des mecklenburgischen Greifenordens)

altum silentium = tiefes Schweigen (Virgil, Aeneis 10, 63)

amabilis insania = liebenswürdiger Wahnsinn (Horaz Oden 3, 4)

amantes, amentes = verliebt, verdreht

amantium irae amoris integratio est = der Liebenden Zorn ist der Liebe Erneuerung; der Liebenden Streit die Liebe erneut

amat victoria curam = der Sieg liebt die Sorge (Denkspruch des Kaisers Matthias)

ambages narras = du sprichst zweideutige Worte, in Rätseln

amicus certus in re incerta cernitur = der sichere Freund wird in unsicherer Lage erkannt; Freunde in der Not gehen zehn auf ein Lot (Enn. bei Cic. Am. 17, 64)

amicus optima vitae possessio = ein Freund ist der herrlichste Besitz des Lebens (Denkspruch Kaiser Albrechts II.)

amicus Plato, sed magis amica veritas = Plato ist mein Freund, aber mehr Freund ist mir die Wahrheit.

amor est parens multarum voluptatum = die Liebe ist die Mutter vieler Freuden

amore et timore = durch Liebe und Furcht (Denkspruch des Kaisers Joseph I.)

amor vincit omnia = die Liebe überwindet alles; (Virgil Eclogae 10, 69)

anathema sit = er sei verflucht (1. Cor. 16, 22)

anceps malum urget = doppelseitiges Übel setzt hart zu (Liv. 3, 28, 9)

anguilla est, elabitur = er ist ein Aal, er entschlüpft; er weiß sich immer zu helfen (Plaut. Ps. 2; 4, 57)

animam debere = mehr schuldig sein, als man an Leib und Leben hat (Ter. Phorm. 4; 3, 56), bis über die Ohren in Schulden stecken

animi sub vulpe latent = hinter Verschlagenheit verbirgt sich Aufgeräumtheit; er hat den Schalk im Nacken (Hor. AP. 437) animus in patellis est = er hat die Gedanken in der Schüssel, d. h. er paßt nicht auf (Ter. Ann. 4; 7, 46)

an nescis longas regibus esse manus = weißt du nicht, daß die Könige lange Hände (d. h. weitreichende) haben? (Ovid Heroiden 17, 166)

an nescis, mi fili, quantilla prudentia mundus regatur? = weißt du nicht, mein Sohn, mit wie wenig Verstand die Welt regiert wird? (Axel Oxenstjerna † 1634 zu seinem Sohne)

ante lineam = vor der Linie

apage! = hebe dich weg

apage satanas = weiche von mir, Satan. Christi Worte zu dem versuchenden Teufel (Matth. 4, 10)

Apelles post tabulam = Apelles (ein griechischer Maler) hinter dem Gemälde (um Urteile zu hören), d. h. der Horcher an der Wand

aperta transire = durchs Offene hindurchgehen, den Wald vor Bäumen nicht sehen (Sen. Ep. 68, 4)

a posse ad esse = vom Können aufs Sein, von der Möglichkeit auf die Wirklichkeit (schließen)

a posse ad esse non valet consequentia = von der Möglichkeit darf man nicht sofort auf die Wirklichkeit schließen

a posteriori = von hinten her, aus der Folge, d. h. von der Wirkung auf die Ursache (schließen), aus der Erfahrung (beweisen); entg. a priori s. dort.

a potiori fit denominatio = vom Wichtigeren, dem Hauptteile nach erhält die Sache ihren Namen

apparet id etiam caeco = das sieht ein Blinder (Livius 32; 38, 3)

a priori = von vornherein durch sich selbst, aus Vernunftgründen (ohne Erfahrung) erkannt (entg. a posteriori) apud eum offendit = er hat bei ihm Anstoß erregt, er hat's mit ihm verdorben

aqua et panis – est vita canis = der Hund lebt von Wasser und Brot

aquam a pumice postulare = Wasser vom Bimsstein, d. h. etwas Unmögliches verlangen, z. B. Geld von einem fordern, der selbst keins hat (Plaut, Pers. 1; 1, 42)

aqua mihi haeret = das Wasser steht bei mir still, ich bin in Verlegenheit

arare bove et asino = mit Ochsen und Esel pflügen, d. i. eine Sache ungeschickt angreifen, etwas verkehrt anfangen

arare mavelim quam sic amare = ich will lieber pflügen als so lieben (Plaut Merc. 2; 3, 22)

arcem facere e cloaca = aus einer Kloake eine Burg, aus einer Mücke einen Elefanten machen (Cic. Plaut. 40, 95)

argumentum Achilleum = ein Trugschluß (von der eleatischen Behauptung, Achilles könne im Wettlauf eine Schildkröte nicht einholen)

arrectae sunt horrore comae = die Haare stehen vor Schreck zu Berge

ars amandi = die Kunst zu lieben (Titel eines Gedichtes von Ovid)

ars longa, vita brevis = die Kunst ist lang, das Leben kurz (Gedankensplitter des Hippokrates, Aula in Königsberg)

asinus ad lyram = wie der Esel zum Lautenschlagen (sich eignen zu etwas), oder wie die Kuh zum Seiltanzen (Gell. 3, 16)

asinus in tegulis = der Esel auf dem Dache, von einer seltsamen Erscheinung (Petr. 63, 2)

at pulchrum est digito monstrari et dicier: hic est (Persius Satiren 1, 28) = Es ist schön, wenn man auf dich hinzeigt und spricht: der ist es audacem fortuna iuvat oder audaces deus iuvat = dem Mutigen hilft das Glück (Gott); dem Mutigen gehört die Welt; frisch gewagt, ist halb gewonnen.

audacter calumniare, semper aliquid haeret = nur keck verleumden, etwas bleibt immer hängen (Plutarch 24)

audentem oder audentes fortuna iuvat (oder adiuvat) = dem Kühnen hilft das Glück

audiatur et altera pars = man höre auch den anderen Teil, den Gegner (Seneca, Medea 2; 2, 199)

Augiae cloacas purgare = einen Augiasstall ausmisten, reinigen (Sen. Apoc. 7 extr.)

aura popularis = der volkstümliche Hauch, unzuverlässige Volksgunst (Cic. de harusp 20, 43)

aurea mediocritas, goldene Mittelstraße, goldene Mitte (Horaz, Oden II.: 15, 5)

aurem sibi pervellere = sich am Ohr zupfen, sich hinters Ohr schreiben (Sen. Ben. 7, 34)

auri sacra fames = der verwünschte Hunger nach Gold, die ver ... Goldgier (Virgil Aeneis 3, 57)

auro loquente nil pollet quaevis oratio = wo das Gold spricht, ist jedes Wort vergebens

aurora musis amica = die Morgenröte ist der Musen Freundin, d. h. Morgenstunde hat Gold im Munde

aut Caesar aut nihil = entweder Kaiser oder nichts; entweder alles oder nichts

aut vincere aut mori = entweder siegen oder sterben

aut prodesse volunt aut delectare poëtae = Dichter wollen uns entweder nützen oder erfreuen (Horaz ars poëtica 3, 33) avaritia omnia vitia habet = der Geiz ist die Wurzel alles Übels (Cato bei Gell. 11; 2, 2)

avaritia prima scelerum mater = der Geiz ist die Wurzel alles Übels (Claudian de Laud. Stil. 2, 111)

ave! = sei gegrüßt, lebe wohl!

ave Maria = gegrüßt seist du, Maria (Engelsgruß an die Jungfrau Maria bei der Verkündigung, Luc. 1, 28)

ave, imperator, morituri te salutant = Heil Kaiser dir, die sterben wollen, grüßen dich (Sueton, Leben des Claudius Kap. 21); Gruß der Gladiatoren vor Beginn des Kampfes)

a verbis ad verbera = von Worten zu Schlägen

B

baculus = Stock, a baculo ad angulum = schließen (von dem Stock oder der Seite eines Dreiecks auf einen Winkel), einen folgewidrigen Schuß machen

barba maiorum dignus est (oder barba decet virum) = der Bart macht den Mann

barbarus hic ego sum, quia non intelligor ulli = ein Barbar bin ich hier, weil mich niemand versteht (Ovid, Tristia 5; 10, 37)

baria rident = Bargeld lacht (scherzhafte Mehrzahlbildung mit lat. Endung von dem deutschen bar)

beati possidentes! = glücklich, wer im Besitz ist (Horaz, Oden 4; 9, 45)

beatus ille, qui procul negotiis = glücklich ist der, der fern von dem geschäftlichen Leben ist (Horaz, Epoden 2, 1) bella gerant alii, Protesilaus amet = andere mögen Kriege führen, Protesilaus möge lieben (Ovid Heroinen 13, 94), vergl. auch das nächste Distichon

bella gerant alii! tu, felix Austria nube, nam quae Mars aliis, dat tibi regna Venus = Kriege mögen andere führen, du glückliches Österreich heirate, denn dir gibt Venus Reiche, die andern Mars schenkt (König Matthias Corvinus)

bellum omnium in (contra) omnes = Krieg aller gegen alle. (Der von Hobbes vorausgesetzte Urzustand des Menschengeschlechts)

bellum se ipsum alit = der Krieg ernährt den Krieg

benedicamus Domino = laßt uns preisen den Herrn!

beneficia non obtruduntur = Wohltaten werden nicht aufgedrängt (alter Rechtssatz)

bene quiescat = er ruhe in Frieden

bene vixit, qui bene latuit = (glücklich hat gelebt, wer im Verborgenen lebte), das Privatleben ist der öffentlichen Tätigkeit vorzuziehen (Ovid Tristia III; 4, 25)

bestiarum (belluarum) more = wie das liebe Vieh

bis dat, qui cito dat = doppelt gibt, wer schnell gibt (oder wer gleich gibt); eine Verkürzung der 245. Tendenz des Publius Syrus (Inopi beneficium bis dat etc. = dem Armen erweist doppelte Wohltat, wer usw.)

bona fides = (der gute Glaube), Treu und Glauben; Gegensatz mala fides s. dort.

bona venia oder cum bona venia = mit gütiger Erlaubnis oder Genehmigung

bonis auspiciis – bonis avibus = mit guter Vorbedeutung, unter guten Vorzeichen

bonos corrumpunt mores congressus mali = böse Beispiele verderben gute Sitten
bonus dormitat Homerus = auch Homer schläft einmal (Horaz, ars poëtica 3, 59)
bonus vir semper tiro = ein guter Mann bleibt immer Anfänger
brevi manu = kurzerhand
brevis esse laboro, obscurus fio = ich bemühe mich kurz zu sein und werde dunkel (Horaz ars poëtica 25)

C

Caesar ad Rubiconem = Cäsar am Rubico, d. h. vor einer wichtigen Entscheidung, ebenso: Herkules am Scheidewege
Caesar non supra grammaticos = das ist: der Kaiser (geht) nicht über die Grammatiker, des Kaisers Befehle können grammatische Regeln nicht umstoßen (der Kaiser Sigismund hatte das Wort schisma weiblich gebraucht und befahl, allerdings vergeblich, es auch in Zukunft so zu gebrauchen, um seinen Fehler zu beschönigen; Menzel, Geschichte der Deutschen: Kap. 325, Konzilium zu Konstanz); der Kaiser kann das Recht nicht zum Unrecht machen.
calendae = der erste jedes Monats, siehe ad calendas etc.
calumniare audacter, semper aliquid haeret = nur dreist verleumden, etwas bleibt immer sitzen (hängen), (Plutarch über den Schmeichler Kap. 24)
canis a non canendo = Hund wird canis genannt, weil er nicht singt (non canit s. lucus) [Varro de lingna latina 7, 32]

canterio vectum post mulum conscendere = sich vom Pferde auf den Esel setzen (Cic. Epist. 9; 18, 4)

cantilenam eandem canis = du singst dasselbe Lied; es ist immer dieselbe Leier (Ter. Phorm. 3; 2, 10)

cantores amant humores = (Sänger lieben Nasses); Sänger trinken gern

capilli horrent (horrore rigent) = die Haare stehen mir zu Berge

captatio benevolentiae = Bitte um Nachsicht, um günstige Beurteilung

caput eius agitur = es gilt seinen Kopf

carpe diem = (pflücke den Tag), nutze die Zeit (Horaz, Oden I; 11, 8)

castigare verbis (aliquem) = jemand mit Worten züchtigen, den Kopf waschen

casus belli = Kriegsfall, Anlaß zum Kriege

casus pro amico = ein Fall für einen Freund; eine Gefälligkeit, wobei die Freundschaft in Anspruch genommen wird.

Cato esse, quam videri, bonus malebat = Cato wollte lieber gut sein als scheinen (Sallust Catilina 45, 5)

causa aliqua subest (od. subest aliquid) = irgend etwas steckt dahinter, die Sache hat einen Haken (Cic. Fin. 5; 10, 29)

causam capere = eine Ursache vom Zaune brechen

causa mortis = Nagel zum Sarge

cautius loquitur = er spricht ziemlich vorsichtig, legt seine Worte auf die Goldwaage

caveant consules fälschlich für videant consules, siehe dort.

cave canem = hüte dich vor dem Hunde (Aufschrift auf dem Fußboden vor der Tür ins Atrium)
cedant arma togae, concedat laurea laudi = es mögen die Waffen der Toga nachstehen, der Lorbeer der löblichen Tat. (Cic. de offic. I; 22, 27)
cede maiori = weiche dem Größeren, gib dem Mächtigen nach
cedo nulli = ich weiche keiner (Name der Prachtkegelschnecke)
censura cothurnati sermonis invehi in aliquem = mit dem Urteil einer auf Stelzen gehenden Rede auf jem. losgehen; sich aufs hohe Pferd setzen (Macr. Sat. 7, 5 § 28)
cessante causa, cessat effectus = mit der Ursache hört auch die Wirkung auf
ceteris paribus = unter übrigens gleichen Umständen
ceterum censeo Carthaginem esse delendam = übrigens bin ich der Meinung, daß Karthago zerstört werden müsse, war stehender Schluß der Senatsreden des älteren Cato – Sprichwörtlich für etwas, worauf man unerbittlich immer wieder zurückkommt, meist in der Abkürzung ceterum censeo zitiert
cibi condimentum fames est = Hunger ist der beste Koch (der Speisen Würze ist Hunger). [Cic. de off. 2; 28, 90]
circulus in demonstrando (od. probando), auch circulus vitiosus = Trugschluß (wenn man das, was bewiesen werden soll, als Beweisgrund braucht)
cita mors ruit = schnell kommt der Tod
classici testes dicebantur qui signandis testamentis adhibebantur = klassische Zeugen

wurden die genannt, die man zur Unterzeichnung des Testaments verwendete (Verrius Flaccus).

claudite iam rivos, pueri, sat prata biberunt = nun schließt die Rinnen, Knechte, die Wiesen sind genügend getränkt (Vergil „Eclogen“ 3, 111)

c. l. = citato loco = a. a. O., am angeführten Orte

claude os, aperi oculos = schließe den Mund, öffne die Augen; schweig und sieh!

clavum clavo eicere = den Nagel mit dem Nagel herauswerfen, Gleiches mit Gleichem vertreiben (Cic. Tusc. 4; 35, 75)

coactio non est imputabilis = Zwang ist nicht zurechenbar (Rechtssprache)

coelum, non animum mutant, qui trans mare currunt = die über das Meer gehen (auswandern), ändern das Klima, nicht den Charakter; es flog eine Gans wohl über den Rhein, als Gickgack kam sie wieder heim (Horaz, Ep. 1: 11, 17)

cogito, ergo sum = ich denke, also bin ich (Anfangssatz der Philosophie des Kartesius)

colludere cum aliquo = mit jemand unter einer Decke stecken (Cic. Verres 2; 24, 58)

commendamus = wir empfehlen (durch diese Formel gibt der Papst seine Einwilligung zur Wahl eines Kandidaten)

commercium animi et corporis = Wechselwirkung zwischen Seele und Leib

compedes, quas ipse fecit, ipse gestabit faber = die Fesseln, die der Schmied selbst gemacht hat, wird er selbst tragen; wer andern eine Grube gräbt, fällt selbst hinein (Auson, Id. 7)

compelle intrare = zwinge einzutreten (z. B. die Ketzer in den Schoß der Kirche) compesce mentem = beherrsche deinen Zorn (Horaz Oden 1; 16, 22)

compressis manibus sedere = mit gefalteten Händen dasitzen; die Hände in den Schoß legen (Liv. 7; 13, 7)

conclamatum est = (es ist laut gerufen), es ist aus, alles verloren. (In Rom war es Sitte, einen Verstorbenen bis zu seiner Beerdigung laut beim Namen zu rufen und zu beweinen.)

concordia discors = zwieträchtige Eintracht (Horaz Epist. 1, 12, 19)

concordia parvae res crescunt, discordia maximae dilabuntur = (durch Eintracht wachsen kleine Dinge, durch Zwietracht zerfallen die größten), Friede ernährt, Unfriede verzehrt (Sallust, Jugurtha 10, 6.)

concordat cum originali = stimmt mit der Urschrift überein

conditio sine qua non = (Bedingung, ohne welche nicht), unerläßliche Bedingung

coniunctis viribus = mit vereinten Kräften

conscia mens recti famae mendacia ridet = wer sich des Rechten bewußt ist, lacht über die Lügen des Gerüchts; ein gutes Gewissen ist ein sanftes Ruhekissen

consilio et industria = mit Überlegung und Fleiß; erst wäge, dann wage (Denkspruch des Kaisers Leopold I.)

constantia et fortitudine = durch Ausdauer und Tapferkeit (Wahlspruch des Kaisers Karl VI.)

consuetudo quasi altera natura = die Gewohnheit ist gleichsam eine zweite Natur (Cic. de finibus 5; 25, 74)

consummatum est = es ist vollbracht (letztes Wort Christi am Kreuz, Joh. 19, 30) contraria contrariis curantur = Entgegengesetztes wird durch Entgegengesetztes geheilt (Grundsatz der Allopathie)

coram publico = vor aller Welt, öffentlich

cornicum eruere genas = den Krähen die Augen ausreißen, als sympathet. Mittel wegen ihrer Scharfsichtigkeit, um den Gatten blind bei dem Treiben seiner buhlerischen Gattin zu machen, siehe das Folgende

cornicum oculos configere = den Krähen die Augen aushacken, d. h. selbst den Schlauester täuschen

cornix cornici nunquam oculos effodit = keine Krähe hackt der andern die Augen aus (Macr Sat. 7, 5 § 2)

corpus delicti = Beweisgegenstand (Prosper Farinacius † 1618)

corpus suum periculo obicere = seinen Körper der Gefahr aussetzen; seine Haut zu Markte tragen

crabrones irritare = Hornissen reizen, in ein Wespennest greifen (Plaut. Amph. 2; 2, 75)

crambe repetita = aufgewärmter Kohl (Juven. 7 154)

credat Iudaeus Apella = (das glaube der Jude Apella), das glaube einer, der leichtgläubig genug ist (Horaz, Satiren I, 5, 100), ich glaube es nicht

credo, qui absurdum = ich glaube es, weil es widersinnig ist (Tertullian)

crescentem sequitur cura pecuniam = wie sich häufet das Gold, folget die Sorge nach (Horaz Oden 3, 16, 17)

crescunt anni, decrescunt vires = es geht mit ihm bergab (mit seinem Leben) cucullus non facit monachum = die Kutte macht nicht den Mönch

cui bono? = zu welchem Zwecke? wozu? (Cic. pro Milone, 12, 32)

cui dolet, meminit = wem es weh tut, der erinnert sich; gebrannte Kinder scheuen das Feuer (Cic. Muren. 20, 41)

cui fortuna favet, Phyllida solus habebit = wer das Glück hat, führt die Braut heim (nach Virg. Ecl. 3, 107)

cuius regio, illius religio = wer die Herrschaft hat, befiehlt den Glauben (Grundsatz in bezug auf den Glauben nach dem 30jähr. Kriege)

cuiusvis hominis est errare, nullius nisi insipientis in errore perseverare = jeder Mensch kann irren, nur der Dumme wird im Irrtum verharren (Cicero „Philipp." 12, 2)

cultus magnificus addit hominibus auctoritatem = üppige Lebensweise steigert das Ansehen der Menschen; Kleider machen Leute (Quint. 8 prooem. § 20)

cum basi sua metiri = einen samt seinem Untergestelle messen, d. h. ihn überschätzen (Seneca ep. 76, 74)

cum finis est licitus, etiam media sunt licita = wenn der Zweck erlaubt ist, sind auch die Mittel erlaubt (Jesuitenpater Busenbaum Medulla theologiae moralis, 1650)

cum grano salis = mit einem Körnchen Salz; etwas ist c. g. s. zu verstehen, d. h. nicht genau wörtlich zu verstehen, sondern unter Berücksichtigung gewisser Umstände, die den Sinn der Behauptung oder Ansicht einschränken oder abändern (Plinius, Naturalis historia 23, 8 addito salis grano = mit Hinzufügung eines Salzkörnchens)

cum infamia = mit Schimpf und Schande

cum insanientibus furere necesse est = mit Tollen muß man toben; wer unter den Wölfen ist, muß mit heulen (Petr. 3, 2)

cum laude = mit Lob (Note der Doktorprüfung)

cum libentissimus edis, tum auferatur coena = laß die Speisen abtragen, wenn es dir am besten schmeckt (Favorin bei Gell. 15, 8, 2)

cum licentia superiorum = mit Erlaubnis der Oberen

cum mula pepererit = wenn ein Maultier gejungt hat; wenn der Bock Milch gibt (Suet. Galb. 4)

cum ratione insanire = bei vollem Verstande ein Narr sein

cum tempore = mit akademischem Viertel (15 Minuten nach angegebener Zeit)

cum tempore invenietur (reperietur) ratio rei expediendae = mit der Zeit wird ein Weg gefunden, die Angelegenheit durchzuführen; kommt Zeit, kommt Rat

cuneus cuneum trudit = ein Keil treibt den andern

cura posterior = spätere Sorge
curriculum vitae = Lebenslauf

cur turbulentam fecisti mihi aquam bibenti? = warum hast du mir, dem Trinkenden, das Wasser getrübt? (Phaedrus, Wolf u. Lamm am Bache)

cutis prurit mihi = es juckt mir die Haut (von einem, der Prügel befürchtet)

D

damna damnis continuantur = es folgt Schlag auf Schlag

da pignus = gib ein Pfand; wette! (Plaut. Epid. 5; 2, 34)

dat, dicat, dedicat = gibt, weiht, widmet; in lat. Schriften D. D. D. Formel der Dedikation

dat census honores = Einkünfte geben Ehren (Ovid. Amor., 3; 8, 55)

dat veniam corvis, vexat censura columbas = kleine Diebe hängt man, große läßt man laufen (Juven. 2, 63) [Nachsicht gewährt der Tadel den Raben und plagt die Tauben]

Davus sum, non Oedipus = ich bin Davus, nicht Ödipus, d. h. kein Meister im Erraten (Terenz, Andria I, 2, König Ödipus von Theben löste das Rätsel der Sphinx)

de aliquo, qui non dignus est beneficiis nostris, bene mereri = um jem., der unserer Wohltaten nicht würdig ist, sich wohl verdient machen; feurige Kohlen auf jemandes Haupt sammeln

decet verecundum esse adolescentem = Bescheidenheit ziert den Jüngling (Plaut. Asinaria 5; 1, 6)

decies repetita placebit = zehnmal wiederholt, wird es gefallen (Hor. ars poët. 365)

de corio suo ludere = seine eigene Haut zu Markte tragen (Mart. 3; 16, 4)

de dato = d. d., vom Tage der Ausstellung

dedit = dt., er hat bezahlt

de facto et absque iure = eigenmächtig und widerrechtlich

deficiente pecu-deficit omne-nia = wo es an Gold fehlt, fehlt es an allem. Scherzvers mit Auseinanderreißung von pecunia (Rabelais, Gargantua et Pantagruel III, 41)

deficit omne, quod nascitur = was einen Anfang hat, nimmt auch ein Ende

deforme est de se ipsum praedicare = häßlich ist es, von sich selbst rühmlich zu sprechen; Eigenlob stinkt (Cic. Off. 1, 38 § 137)

de gustibus non est disputandum = über den Geschmack ist nicht zu streiten

Dei gratia = von Gottes Gnaden (Formel in fürstl. Urkunden seit Karl d. Gr.)

de iure = von Rechts wegen

delineavit = hat gezeichnet (unter Bildern)

de me expertus sum = ich hab es aus eigener Erfahrung kennengelernt; ich kann ein Lied davon singen

de mortuis nil nisi bene = von Toten (rede) nur Gutes (Diog. Laert. 1, 3).

de nihilo nihil = aus nichts wird nichts (Lucretius de rerum nat. 1, 149)

Deo annuente (favente od. iuvante) = mit Gottes Hilfe

Deo gratias = Gott sei Dank!

de omnibus rebus et quibusdam aliis = über alle Dinge und einige andere (sprechen, schreiben usw.), Giovanni Pico, Graf von Mirandola (auch de omni re scibili et quibusdam aliis)

desinit in piscem mulier formosa superne = als Fisch endet das oberhalb wohlgestaltete Weib (Horaz, ars poët.)

de suo vivere = von dem Seinigen, der Schnur (vom Bändel) zehren (Plaut. Truc. 5, 61) de te fabula narratur = die Geschichte handelt von dir (wenn du auch nicht genannt bist); (Horaz, Satiren I, 1, 69 u. 70)

de tripode dictum = vom Dreifuß (der Pythia in Delphi) herabgesprochen, d. i. wie ein Orakel

deum colit, qui novit = wer Gott kennt, verehrt ihn (Seneca, epist. 95)

deus ex machina = (Gott aus der Maschine) bezeichnet ein unerwartetes, plötzliches Erscheinen jemandes, der eine verwickelte Sache zum glücklichen Ausgang bringt (In der antiken Tragödie wurde häufig die Katastrophe durch einen mittels einer Maschine herabgelassenen helfenden Gott gelöst)

Deus meliora (det) = Gott bessere es

deus nobis haec otia fecit = Gott hat uns diese Muße geschaffen (Virg. Ecl. 1, 6)

deus omen avertat = Gott wende die Vorbedeutung ab; der Himmel verhüte!

Deus providebit = Gott lenkt (Wahlspruch des Kaisers Maximillian II.)

deus tibi det, quae optas = der Himmel gebe dir, was du wünschst!

dic cur hic? = sage, warum (bist du) hier? denke an deine Bestimmung (Philander von Sittewald)

dicique beatus ante obitum nemo supremaque funera debet = niemand soll man glücklich heißen, ehe er gestorben und begraben ist (Ovid. Met. 3, 136)

dictum, factum = gesagt, getan; wie gesagt, so geschehen

diem perdidi = ich habe einen Tag verloren (Titus 79–81)

dies admittit aegritudinem = die Zeit verscheucht den Kummer
dies ater = (schwarzer Tag), Unglückstag
dies diem docet = ein Tag belehrt den andern
dies irae dies illa = Tag des Zornes, jener Tag (Anfangsworte eines christlichen Hymnus auf das Weltgericht. Franziskaner Thomas von Cellano, 16. Jahrhundert)
dies levat luctum = die Zeit lindert den Schmerz
dies nullus fuit, quin me visitaret = kein Tag verging, ohne daß er mich besuchte; er war das tägliche Brot bei mir
differre et procrastinare = auf die lange Bank schieben
difficile est satiram non scribere = es ist schwer, keine Satire zu schreiben (Juvenal Satiren I, 30)
dii maiorum gentium (auch dii consentes) = Obergötter, Vornehmere
dii meliora (dent.) = Gott bessere es!
dii minorum gentium = Untergötter, Niedere
dii nos quasi pilas homines habent = wir sind wie ein Spielball in den Händen der Götter (Plaut. Capt. Prol. 22)
diis aliter visum = die Götter beschlossen es anders (Virg. Aen. 2, 428)
diligentia, quam quis in suis (adhibet) = soviel Aufmerksamkeit, wie einer bei seinem eigenen Vermögen (anwendet)
dimidium facti, qui coepit, habet = wer begann, hat schon halb vollendet; frisch gewagt, ist halb gewonnen (Hor. Ep. 1; 2, 40)
dira necessitas = die grausame Notwendigkeit (Horaz, Od. 3; 24, 6)

directorium divini officii = der Kirchenkalender in der kath. Kirche

discite iustitiam moniti = lernt Gerechtigkeit, ermahnt (gewarnt, beizeiten) (Verg. Aen. 6, 620)

discordia maximae res dilabuntur = durch Zwietracht geht das Größte zugrunde; Unfriede verzehrt

divae memoriae = seligen Angedenkens

divide et impera = teile und herrsche (Ludwig XI.)

dixi et salvavi animam meam = ich habe gesprochen und meine Seele gerettet, d. h. ich bin schuldlos, wenn meine Worte nicht beachtet werden; ich habe nach bestem Wissen und Gewissen gesprochen

docendo discitur = durch Lehren lernt man (Sen. Epist. 7)

docta dicta = gelehrte Brocken (Lucr. 2, 987)

Dominus vobiscum! = der Herr sei mit Euch! (Ruth 4, 22)

donec eris felix, multos numerabis amicos, tempora si fuerint nubila, solus eris = Freunde zählst du die Menge, sitzt dem Glück du im Schoß, sind jedoch die Zeiten umwölkt, so bist du allein

dorsum ipsi prurit = der Rücken, die Haut juckt ihm; ihm juckt das Fell

do ut des = ich gebe, damit du gibst

docendo discimus = durch Lehren lernt man

do ut facias = ich gebe, damit du tust

duobus sellis sedere = auf zwei Stühlen sitzen (Laber. b. Sen. Contr. 3, 18)

duce et auspice = unter Führung und Leitung (Wahlspruch des französischen Ordens vom Heiligen Geiste) ducunt volentem fata, nolentem trahunt = den Willigen führt das Geschick, den Störrischen zieht es mit (Sen. Epist. 107)

dulce est desipere in loco = süß ist es, zur rechten Zeit (töricht) ausgelassen zu sein; (Horaz, Oden IV, 12, 28)

dulce et decorum est pro patria mori = süß und ehrenvoll ist's, für das Vaterland zu sterben (Horaz Oden III, 2, 13)

dum colosseum stabit, Roma stabit; dum Roma stabit, mundus stabit = solange das Kolosseum steht, wird Rom stehen, solange Rom steht, wird die Welt bestehen (Beda, 8. Jahrhundert)

dummodo risum excutiat sibi, non hic cuiquam parcet amico = wenn er nur ein Lachen für sich abnötigt, wird er keinen Freund verschonen (Horaz, Sat. 1; 4, 34)

dum Roma deliberat, Saguntum perit = während Rom überlegt, geht Sagunt zugrunde

dum vitant stulti vitia, in contraria currunt = wenn Toren Fehler vermeiden wollen, so fallen sie gewöhnlich in das entgegengesetzte Extrem

dum vito malum in contrarium curro = (gerate aus einem Übel in das andere), ich komme aus dem Regen in die Traufe (Hor. Satir. 1; 2, 24)

duo cum (oder si) faciunt idem, non est idem = wenn zwei dasselbe tun, so ist es nicht dasselbe, d. h. gleiche Handlungen sind je nach ihren Urhebern verschieden zu beurteilen (Ter. Ad. 5, 3)

E

ea est natura hominum = das ist der Welt Lauf

ea re nihil lucror = dabei ist kein Segen

ecce homo = (da ist der Mensch), „seht, welch ein Mensch“ (nach Joh. 19, 5, der Ausruf des Pilatus, als er Christus nach der Geißelung dem Volke zeigte)

ecquid habet is homo aceti in pectore? = Hat er Grütze im Kopfe? (Plaut. Ps. 2; 3, 50)

ede, bibe, lude; post mortem nulla voluptas = iß, trink und spiele, nach dem Tod gibt's kein Vergnügen mehr

e duobus malis minimum eligendum est = unter zwei Übeln muß man das kleinere wählen

Egerius quidam = ein Herr von Habenichts (Liv. 1, 34, 3)

ego mihi melius esse malo quam alteri = ich bin mir selbst der Nächste (Ter. Andr. 2; 2, 16)

ego spem pretio non emo = ich kaufe die Hoffnung nicht für Geld; für leere Versprechen gebe ich nichts (Ter. Ad. 2; 2, 11)

ego te ocius ire = wart, ich will dir Beine machen

ego tu sum, tu es ego, unius animi sumus = wir sind ein Herz und eine Seele

eheu fugaces Postume, Postume labuntur anni (Horaz Oden 2; 14, 1 u. 2) O weh, Postumus, Postumus, die Jahre entgleiten flüchtig

elephanti corio circum tectus est = er ist mit einer Eelefantenhaut bedeckt; er hat ein dickes Fell (Plaut. Mil. 2; 2, 80)

emolumento hoc non est = das gereicht nicht zum Vorteil, bringt kein Brot ins Haus

eo ipso = von selbst, selbstverständlich

epistola non erubescit = ein Brief errötet nicht (Cic. fam. 5, 12)

equi donati dentes non inspiciuntur = des geschenkten Pferdes Zähne werden nicht untersucht; einem geschenkten Gaul sieht man nicht ins Maul (Hieron. Ep. ad Ephes. prooem.)

ergo bibamus = also laßt uns trinken (Kehrreim des Goethischen Trinkliedes „Hier sind wir versammelt zu löblichem Tun")

eripuit coelo fulmen sceptrumque tyrannis = er hat dem Himmel den Blitz und den Tyrannen das Zepter entrissen (auf Franklins Büste)

eris mihi magnus Apollo = du wirst mir groß sein wie Apollo (Virg. Ecl. 3, 104)

eritis sicut Deus, scientes bonum et malum = ihr werdet sein wie Gott und wissen, was gut und böse ist (1 Mos. 3, 5, von Goethe in der Schülerszene des Faust angewandt)

errare humanum est = Irren ist menschlich

est deus in nobis, agitante calescimus illo (Ovid Fasti 6, 5) = in uns wohnet ein Gott, wir erglühen durch seine Anregung

est modus in rebus, sunt certi denique fines = es ist ein Maß in den Dingen, es gibt doch feste Grenzen (Horaz Satiren I, 1, 106)

esto mihi = sei mir (ein starker Fels) [Psalm 31, 3; Bezeichnung des 7. Sonntags vor Ostern]

est quaedam flere voluptas = Weinen ist ein gewisses Vergnügen (Ovid Tristia 4; 3, 37). Weinen ist ein süßer Balsam (Heine)

et ab hoste doceri = auch vom Feinde (soll man) sich belehren lassen

et ego in Arcadia = auch ich war in Arkadien (auf einem Bilde des Schidone, gest. 1615, wo die Worte unter einem am Boden liegenden Totenkopfe stehen) etiam si omnes, ego non = wenn (es) auch alle (billigen), ich (billige es) nicht

et neglecta solent incendia sumere vires = auch vernachlässigte Feuer pflegen kräftig zu werden; aus einem Funken wird ein großes Feuer

et quorum pars magna fui = und worin ich eine große Rolle spielte (Virg. Aen. 2, 6)

et semel emissum volat irrevocabile verbum = und einmal entsandt, flieht unwiderruflich das Wort (Horaz Epist. 1, 18, 71)

eventus docebit = der Erfolg wird's lehren

eventus stultorum magister = der Erfolg ist der Lehrer der Toren, d. h. überzeugt die Toren (Liv. 22, 39)

ex abrupto = auf einmal, plötzlich

ex aequo et bono = der Billigkeit gemäß

ex alieno incommodo suam petere occasionem = aus fremdem Schaden seine günstige Gelegenheit suchen; im trüben fischen (Liv. 4; 28, § 2)

exanclare omnes labores = alles Ungemach aus dulden; den Kelch der Leiden ausleeren

ex asse = völlig, aus dem Ganzen (das As galt den Römern als Einheit)

exaudi = erhöre (der 6. Sonntag nach Ostern; von Psalm 27, 7: exaudi Domine vocem meam = erhöre, Herr, meine Stimme)

ex avaritia omnia scelera ac maleficia gignuntur = aus dem Geiz werden alle Frevel- und Missetaten geboren; der Geiz ist die Wurzel alles Übels (Cic. Rosc. Am. 27, 15)

ex cathedra = vom (Päpstlichen) Stuhl, aus päpstlicher Vollmacht, unfehlbar

ex commentariis sapere = seine Weisheit aus Kommentaren schöpfen

exegi monumentum aere perennius = ich habe ein Denkmal errichtet, das dauernder als Erz ist (Horaz, Oden, III; 30, 1)
exempli causa (od. gratia) = beispielshalber
exempla docent (illustrant) = Beispiele belehren (erläutern)
exempla sunt odiosa = Beispiele sind verhaßt
exercitatio artem parat = Übung verschafft Kunst, macht den Meister (Tac. Germ. 24, 1)
ex flammis orior = aus den Flammen gehe ich hervor (Wahlspruch des Hohenloheschen Phönixordens)
ex malis eligere minima = von zwei Übeln das kleinere wählen (Cic. de off. 3; 1, 3)
ex officio = von Amts wegen
exoriare aliquis nostris ex ossibus ultor = ein Rächer wird aus unserem Staub erstehen (Virgil Äneide 4, 625); dies Zitat soll der Große Kurfürst gebraucht haben, als er 1679, verlassen von allen Verbündeten, den Frieden von Saint-Germain-en-Laye schließen mußte.
ex oriente lux = aus dem Osten das Licht (zunächst vom Sonnenaufgang gesagt, dann auf das Christentum übertragen)
experientia est omnium (od. optima) rerum magistra (oder mater studiorum) = Erfahrung ist der beste Lehrmeister
experientia docet = Erfahrung macht klug
experto credite = glaubt es dem, der es selbst erfahren hat (Virgil Äneide 11, 285)
experto credo Ruperto = glaube dem durch Erfahrung belehrten Ruprecht, d. h. glaube einem erfahrenen Manne
ex post od. ex post facto = nach geschehener Tat, hinterher
expressis verbis = mit ausdrücklichen Worten

ex professo = berufsmäßig, von Amts wegen
ex proprio Marte = aus eigener Kraft
exsultet iam angelica turba = es jauchze der Engel Chor (eine Hymne Augustins)
ex puteo similior numquam potest aqua aquae sumi, quam hic est atque iste = nie kann aus einem Brunnen Wasser geschöpft werden, das dem Wasser ähnlicher ist, als dieser und jener es sind; er sieht ihm ähnlich, wie ein Ei dem andern (Plaut. mil. 2; 6, 70)
ex quocunque capite = aus welchem Grunde es auch immer sei, aus jedem Grunde (Rechtssprache)
extra culpam esse = seine Hände in Unschuld waschen
extra ecclesiam nulla salus = außer der Kirche (ist) kein Heil
extra muros et intra = überall
extra iocum (ioco remoto) = Spaß beiseite
ex ungue leonem = an der Klaue (erkennt man) den Löwen (Alcaeus)
ex usu = wie es Sitte ist, durch Übung
ex voto = auf Grund eines Gelübdes

F

faber est suae quisque fortunae = jeder ist seines Glückes Schmied (Pseudo-Sall. ad Caes. de rep. ord. 1; 1, § 2)
fabula docet = die Fabel lehrt
facies Hippocratica = Hippokratisches Gesicht, das eigentümlich veränderte Gesicht eines Sterbenden (Hippokrates † 370 vor Christi)
facies non omnibus una, nec diversa tamen = nicht alle haben dasselbe Gesicht, aber auch kein anderes (Ovid Metam. 2, 13)

facilis descensus Averno = das Hinuntersteigen in die Unterwelt ist leicht (Virg. Aen. 6; 126)

facio ut des = ich tue, damit du gibst

facio ut facias = ich tue, damit du tust

facta infecta fieri nequeunt = Geschehenes kann nicht ungeschehen gemacht werden

facta loquuntur = Tatsachen reden

facit indignatio versum = (die Entrüstung macht den Vers) (Iuvenal Satiren 1, 79), die Entrüstung gibt Anlaß, als Dichter aufzutreten

facultas docendi = Lehrbefähigung an Hochschulen

fallitur augurio spes bona saepe suo = eine gute Hoffnung wird oft an ihrem eigenen Erwarten zuschanden; Hoffen und Harren macht manchen zum Narren (Ov. Her. 17, 234)

fallit vitium specie virtutis = ein Laster täuscht unter dem Anschein der Tugend; manch Bubenstück hat solchen Schein, als sollt es eitel Tugend sein (Iuvenal)

falsa demonstratio non nocet = eine falsche Bezeichnung ist nicht nachteilig (Rechtssprache)

fama crescit eundo = das Gerücht wächst im Gehen (abgeändert nach Virgil, Aen. 6, 175: viresque acquirit eundo = und Kräfte bekommt sie, nämlich Fama, im Gehen)

fas est et ab hoste doceri = recht ist's, auch vom Feinde zu lernen (Ovid Metam. 4, 428)

faucibus premor = durch eine Enge werde ich bedrückt; das Messer steht mir an der Kehle (Cic. An. 31, 84) oder faucibus teneor (Plaut. Cas. 5; 3, 4)

favete linguis = seid günstig mit den Zungen (Zuruf eines röm. Priesters an die Menge bei Beginn des Opfers), d. h. stört nicht das Opfer durch unheilige Worte! Schweigt!

fax et tuba = (Fackel und Trompete), Rädelsführer
fecit = hat es gemacht
felix, qui potuit rerum cognoscere causas = glücklich, wer die Ursachen zu erkennen vermag (Virg. Georg. 2, 490)
fer aut feri, ne feriaris feri = trage oder schlage, willst du nicht geschlagen sein, so schlage (Wahlspruch der Königin Elisabeth)
ferocia eius fracta est = sein Übermut ist gebrochen; er hat sich die Hörner abgelaufen
festina lente = eile mit Weile (Sueton, „Leben des Augustus", Kap. 25: speude bradeos)
fiat! = es geschehe!
fiat applicato = man mache die Anwendung
fiat iustitia et pereat mundus = Gerechtigkeit werde geübt und sollte die Welt dabei zugrunde gehen (Joh. Manlius, loci communes: Wahlspruch Ferdinands I.)
fidei et merito = der Treue und dem Verdienste (Wahlspruch des sizil. Ferdinands-Ordens)
fide, sed cui, vide = trau, schau, wem!
finis coronat opus = das Ende krönt das Werk
finis Poloniae! = (Das Ende Polens) soll Kosciuszko ausgerufen haben, als er am 10. Oktober 1794 bei Maciejowice schwer verwundet gefangen genommen wurde (Südpreuß. Ztg., 25. Okt. 1794)
fit fere malum malo aptissimum = meist geschieht ein Übel einem andern entsprechend; Art läßt nicht von Art (Liv. 1; 46, 7)
flagitium committere = eine entehrende Handlung begehen; einen groben Bock schießen (Cic. Brut. 61, 219)
flamma fumo proxima est, fumo comburi nil potest, flamma potest = die Flamme ist dem

Rauch am nächsten, durch Rauch kann nichts verbrennen, aber durch die Flamme; d. h. selbst die geringste Annäherung an das Unrecht kann zum Laster führen (Plaut. Curc. 1; 1, 53)

flectamus genua = beugen wir die Knie

flectere si nequeo superos, Acheronta movebo = wenn ich den Himmel nicht erweichen kann, so will ich die Hölle in Aufruhr setzen (Virgil Äneide 7, 312)

flocci non interduim = keine Faser gebe ich dafür; es gilt mir keinen Pfifferling (Plaut.)

forsan et haec olim meminisse iuvabit = vielleicht wird es einst eine Freude sein, auch dieser Dinge zu gedenken (Virgil Äneide 1, 203). Auch zitiert: et hoc meminissi iuvabit

forte fortuna = durch einen glücklichen Zufall

fortes fortuna (adiuvat) = dem Tapferen hilft das Glück; frisch gewagt, ist halb gewonnen (Terenz Phormio 1, 4); ähnlich: fors iuvat audentes (Claudian Ep. 4, 9, über den Dichter Simonides von Keos, 556–469 v. Chr.)

fortiter in re, suaviter in modo = fest in der Sache, aber sanft in der Art und Weise (Jesuitengeneral Aquaviva)

fortuna aliquem in deliciis habet (od. amplexa est) = das Glück findet Wohlgefallen an jem.; dem Glücke im Schoße sitzen (Cic. Am. 15, 54; Sen. Ep. 96, 3)

fortunae filium esse = ein Glückskind sein (Hor. Sat. 2; 6, 49)

frondem in silvis non cernere = das Laub in den Wäldern, den Wald vor Bäumen nicht sehen (Ovid Trist. 5; 4, 9)

fruges consumere nati = (zum Verzehren der Früchte geborene) Müßiggänger, Lebemänner (Horaz Episteln I, 2, 27) frustra surdas aures fatigare = tauben Ohren predigen (Curt. 9, 2, 30)

fugit irreparabile tempus = es flieht unwiederbringlich die Zeit (Virg. Georg. 3, 284)

fuimus Troës = wir sind Trojaner gewesen (Virgil Äneide II, 325), mit unserer Herrlichkeit ist's aus, es ist alles verloren

fumantem nasum vivi ursi ne tentaveris = wenn dem Bären die Nase noch raucht, darf man ihn nicht necken, d. h. man darf niemand erzürnen, der einem schaden kann (Mart. 6; 64, 28)

fumum facere = blauen Dunst vormachen (od. nebulas cudere)

fundamenta alicuius rei tamquam in aqua ponere = die Grundlagen einer Sache gleichsam ins Wasser setzen; auf Sand bauen (Cic. Fin. 2; 22, 72)

furor Teutonicus = deutsches Ungestüm

G

genetrix virtutum frugalitas = die Mäßigkeit ist die Mutter aller Tugenden

genus irritabile vatum = das reizbare Geschlecht der Dichter (Horaz Epist. 2; 2, 102)

gloria in excelsis Deo = Ehre sei Gott in der Höhe!

Graeca fides = griechische Treue, Wortbrüchigkeit

Graeca sunt, non leguntur = es ist griechisch, es wird nicht gelesen; es ist einem zu schwer, man muß es überschlagen. Das sind mir böhmische Dörfer gratia alicuius florere = die Gunst jemandes in hohem Grade genießen; bei jemandem einen Stein im Brett haben (auch: aliquo loco et numero esse apud aliquem)

gratia gratiam parit = Gunst erzeugt Gunst; eine Liebe ist der andern wert

gratias agamus deo = laßt uns Gott danken

gutta cavat lapidem = (steter) Tropfen höhlt den Stein (Ovids Briefe aus Pontus IV, 10, 5), non vi sed saepe cadendo = nicht durch die Kraft, sondern durch häufiges Niederfallen

H

habeas tibi! = habe oder behalte es für dich, schreibe es dir selbst zu!

habeat sibi! = er behalte es für sich, er habe seinen Willen! meinetwegen! (1 Mos. 38, 23)

habent sua fata libelli = die Bücher haben ihre Schicksale (Terentius Maurus, carmen heroicum 258)

habet confidentiam in ventre = er hat Courage (Herz) im Leibe (Plaut. Capt. 4; 2, 32)

habet silices pectus eius = er hat ein Herz wie einen Kieselstein

habitus non facit monachum = die Kutte macht nicht den Mönch; der Hut macht nicht den Doktor

hac de re nemo laborabit = um diese Sache wird sich niemand kümmern; danach wird kein Hahn krähen

hac (sc. via) itur ad astra = (auf diesem [Wege] geht man zu den Gestirnen), so kommt man zu Ehren haec fiunt dolo malo = dies geschieht durch böswillige Täuschung; das sind faule Fische (Ter Andr. 3; 3, 9)

haec in quaevis potius quam in ista conveniunt = dies paßt auf alles Beliebige besser als auf jenes; es paßt wie die Faust aufs Auge

haec non intellego = das verstehe ich nicht; das ist mir ein Rätsel

haec pecunia vix suppeditabit = dies Geld wird kaum reichen; mit dem Geld wird er keine großen Sprünge machen können

haec summa fuit = das war der Höhepunkt, das Ende vom Liede

haec tamquam cygnea fuit eius vox et oratio = diese seine Stimme und Rede war gleichsam die eines Schwans; dies war sein Schwanengesang (Cic. de orat. 3; 2, 6)

haeret aqua, ut dicunt = das Wasser hängt, stockt, wie man sagt; da stehen die Ochsen am Berge (Cic. Off. 3; 33, 117)

haeret in medullis eius ac visceribus = er hängt in seinem Mark und Eingeweiden; er hat ihn in sein Herz geschlossen

hanc veniam petimusque damusque vicissim = diese Nachsicht fordern wir selbst und gewähren sie andern (Horaz ars poët. 11)

Hannibal ad portas! = Hannibal an den Toren (Schreckensruf im Jahre 211 vor Christo, als Hannibal gegen Rom marschierte, Livius 23, 16). Gewöhnlich zitiert man falsch; H. ante portas!

hastas abicere = die Lanzen ins Korn werfen (Cic. Mur. 21, 45)

hastas iacere, quae alius ministrat = die Pfeile verschießen, die ein anderer geschnitzt hat (Cic Top. 17, 65) haud secus quam pestifero sidere ictus = nicht anders als von einem verderbenbringenden Gestirn getroffen; wie von einer Tarantel gestochen

have pia anima! = lebe wohl, fromme Seele! Zuruf am Grabe eines Geschiedenen; auch Grabsteininschrift

Hectora quis nosset, si felix Troia fuisset = wem wäre Hektor bekannt, wenn Troja glücklich gewesen wäre (Ovid. Trist. 4; 3, 15)

heredis fletus sub persona risus est = das Weinen des Erben ist ein maskiertes Lachen (Publius Syrus, Sprüche 187)

hic Abdera = (Stadt in Thracien, berüchtigt durch den Stumpfsinn ihrer Einwohner) hier ist die Dummheit zu Hause (Cic. Att. 4; 16, 6)

hic consilium haeret = hier stockt der Rat; da ist guter Rat teuer

hic haeret aqua = hier hängt (stockt) das Wasser (nämlich in der Wasseruhr), hierin liegt die Verlegenheit; da stehen die Ochsen am Berge (und gehen nicht weiter)

hic niger est, hunc tu, Romane, caveto = dieser ist schwarz (ein Bösewicht), vor dem, Römer, hüte dich (Horaz, Satiren I, 4, 85), gewöhnlich wird nur „hic niger est“ zitiert

hic porci cocti ambulant = hier laufen die gebratenen Schweine herum; es fliegen die gebratenen Tauben in den Mund (Petr. 45, 4)

hic Rhodus, hic salta = „hier ist Rhodus, hier springe“, sagt jemand in einer Äsopischen Fabel zu einem, der prahlte, in Rhodus wer weiß wie weit gesprungen zu sein, um ihn zu veranlassen, die Wahrheit seiner Behauptung zu zeigen – also: wenn man dir glauben soll, dann beweise es! hier zeige, was du kannst!

hic supremus felicitati eius cumulus accessit = dies setzte seinem Glück die Krone auf

hinc illae lacrimae = daher jene Tränen, das ist der wahre Grund (der Trauer) [Terenz Andria 1, 1, Horaz Episteln I, 19, 41], da liegt der Hund begraben

hircum olere = wie ein Bock stinken

hoc erat in votis = das lag in meinen Wünschen (Horaz Satiren II, 6, 1)

hoc habet = diese (Wunde = vulnus) hat er (wenn ein röm. Gladiator den Todesstoß empfangen hatte); mit dem ist es aus, der hat genug

hoc signo vinces (in hoc signo vinces) = in diesem Zeichen wirst du siegen. (Inschrift, die Konstantin dem Großen, als er gegen Maxentius marschierte, über dem Kreuze am Himmel erschienen sein soll; Eusebius, Leben des Konstantin I, 20)

hoc volo, sic iubeo = dies will ich, so befehle ich (Iuvenals, Satiren 6, 223)

hoc volo, sic iubeo: sit pro ratione voluntas = Ich will es, darum befehle ich: statt Grundes diene der Wille

hodie mihi, cras tibi! = heute mir, morgen dir!

hominem experiri multa paupertas iubet = Armut heißt die Menschen viele Erfahrungen machen; Armut lehrt viel Böses (Publ., Syr., Sent 137)

homines, dum docent, discunt = beim Lehren lernen die Menschen (Sen. Ep. 7)

homines, quo plura habent, eo cupiunt ampliora! = je mehr die Menschen besitzen, desto mehr begehren sie (Justinius. 4, 1)

homini necesse est mori = alle Menschen müssen sterben

hominis mores naturaque ex corpore oculis, vultu, fronte pernoscuntur = des Menschen Natur und Sitten werden erkannt aus Körper, Augen, Mienen, Stirn; den Vogel erkennt man an seinen Federn (Cic. Fat. 5, 10)

homo ex veste aut ex condicione, quae vestis modo nobis circumdata est, vulgo aestimatur = der Mensch wird gewöhnlich eingeschätzt nach Kleidung und Stand, einerlei welche Kleidung uns gerade umgibt; Kleider machen Leute (Sen. Ep. 47, 14)

homo novus = ein neuer Mensch, ein Neuadeliger, der erste eines Geschlechts, der zu hohem Ansehen (hoher Stellung) gelangte

homo observantissimus omnium officiorum = ein Mann, der alle Pflichten auf das genaueste erfüllt, Pedant (Pl. Ep. 7; 30, 1)

homo proponit, sed Deus disponit = der Mensch denkt und Gott lenkt (Sprüche 16, 9)

homo sum, humani nihil a me alienum puto = ich bin ein Mensch, ich erachte nichts Menschliches als mir fremd (Terenz Heautontimorumenos 1, 1)

honores mutant mores = Ehrenstellen verändern das Benehmen

honor est praemium virtutis = die Ehre ist die Belohnung der Tugend (Cicero, Brutus 81)

honos alit artes = die Ehre ist die Mutter aller Künste

honos habet onus = Ehre hat Last; Würde hat Bürde

honos reddatur dignis = Ehre dem Ehre gebühret

hora ruit = (die Stunde stürzt) die Zeit entflieht

horribile dictu = schrecklich zu sagen; horribile visu = schrecklich zu sehen horror vacui = Grauen vor der Leere (Rabelais, Gargantua et Pantagruel 1, 5)

hosti non solum danda via fugiendi, sed etiam muniendа = dem fliehenden Feinde muß man eine goldene Brücke bauen (Scipio bei Frontin 4; 7, 16)

huius anni = dieses Jahres

huius mensis = dieses Monats

I

ibidem = ebenda

idem per idem = Gleiches durch Gleiches (beweisen)

id est = das heißt

idem velle atque idem nolle, ea demum firma amicitia est = dasselbe wollen und dasselbe nicht wollen, das erst ist wahre Freundschaft (Sallust. Catilina 20, 4)

ignem igne incitare = Öl ins Feuer gießen (Sen. de ira 2; 20, 3)

igni et ferro = mit Feuer und Schwert

ignorabimus = wir werden es nicht wissen

ignorantia iuris nocet = Rechtsunkenntnis schadet

Iliacos intra muros peccatur et extra = innerhalb und außerhalb der Mauern von Ilium wird gesündigt, überall werden Fehler gemacht (Horaz Epist. I, 2, 16)

Ilias post Homerum = eine Ilias nach Homer, d. h. etwas höchst Überflüssiges, etwas vollkommen Entbehrliches

ille terrarum mihi praeter omnes angulus ridet = jenes Plätzchen lächelt mir von allen andern auf der Erde zu (Horaz Oden 2; 6, 16) illo neminem reperiri posse sui similiorem = keiner kann gefunden werden, der ihm ähnlicher ist als jener; er sieht ihm ähnlich wie ein Ei dem andern (Cic. Phil. 3, 12, 31)

illotis manibus = mit ungewaschenen Händen, d. h. unvorbereitet

illud iucundum nihil agere = jenes süße Nichtstun (Plin. d. J. B. 8, Ep. 9)

imitatorum servum pecus = die Nachäffer-Herde (Horaz)

impari Marte = mit ungleichem Kriegsglück, mit ungleichen Kräften

impavidum ferient ruinae = die Trümmer werden einen Unerschrockenen treffen (Horaz Oden 3; 3, 7)
Si fractus illabatur orbis
impavidum ferient ruinae,
wenn der Himmel einstürzt,
werden mich die Trümmer nicht schrecken

imperium Manlium = Oberbefehl des Manlius, sprichw. für strenger Oberbefehl

in absentia = in Abwesenheit (des Angeklagten)

in abstracto = im allgemeinen, an sich betrachtet

in acie stetisse = in der Schlachtreihe gestanden haben; Pulver gerochen haben (auch multa stipendia habere)

in alium quendam orbem delatus sibi videbatur = er kam sich vor wie in eine andere Welt versetzt; er war wie aus den Wolken gefallen

in audaces non est audacia tuta = unsicher ist die Kühnheit gegen den Kühnen; gefährlich ist's, den Leu zu wecken (Ovid Met. 10, 544)

in barbam sagen = einem etwas ins Gesicht sagen (barba, Bart) in bonum virum non cadit mentiri = für den guten Mann schickt es sich nicht, zu lügen; ein Mann, ein Wort

incidit in Scyllam, qui vult vitare Charybdim = „es stürzt in die Scylla, wer die Charybdis vermeiden will", findet sich bei keinem klassischen Schriftsteller, sondern ist dem Verse: incidis in Scyllam, cupiens vitare Charybdin (Philippe Gualtier de Lille: Alexandreis V, 301) nachgebildet. – Er kommt aus dem Regen in die Traufe

inceptio est amentium, haud amantium = so handeln Verrückte, nicht Verliebte; Liebe macht verrückt (Terenz, Andria)

in concreto = in Wirklichkeit; im einzelnen Falle

in contumaciam = in Abwesenheit (des Angeklagten) verurteilen

in corpore = insgesamt; als Körperschaft

I. N. D. = in nomine Dei (Domini), im Namen des Herrn

in cunctis domina pecunia est = überall herrscht das Geld; vor Geld zieht man den Hut ab; Geld öffnet jede Tür, für Geld kann man den Teufel tanzen sehen!

inde irae et lacrumae [od. lacrimae] = daher Zorn und Tränen (Iuvenal 1, 168)

in Deo consilium = bei Gott (ist) Rat

index librorum prohibitorum = ein Verzeichnis der Bücher, die von der kathol. Kirche wegen darin befindlicher Irrlehren verboten sind, gewöhnlich der „Index" genannt

in digitis hodie percoquam, quod ceperit = ich halte es für unmöglich (Plaut. rud 4; 1, 11)

in dorso = auf dem Rücken, auf der Rückseite

in dubio = im Zweifelsfalle

in dulci iubilo = in süßem Jubel (Anfang eines halb deutschen, halb lateinischen Weihnachtsliedes des 14. Jahrh.), in Saus und Braus

in duplo = in zwei Ausfertigungen

in eandem copulam conicere (Sen. vit. beat. 6, 3), in einen Topf werfen

in effigie = im Bilde

in eo Catonis materies atque indoles est = er hat das Zeug und die Anlage zu einem Cato (Cit. Verr. 3; 68, 160)

in eo et operam et oleum perdidi = an ihm ist Mühe und Öl, Hopfen und Malz verloren (Cic. Fam. 7; 1, 3)

ineptiis suis plaudere = seinen eigenen Albernheiten Beifall klatschen; sein Steckenpferd reiten (Tac. Dial. 32 extr.)

ineptis! = dummes Zeug!

inertiam amat = er liebt die Trägheit; er ißt sein Brot mit Sünden (oder piger est et iners)

in extenso = ausführlich

in fabricam scholae = zu Schulzwecken

infandum, regina iubes renovare dolorem (Virgil, Aeneis 2, 3),
O Königin, du weckst der alten Wunde
Unnennbar schmerzliches Gefühl. (Schiller)

in fide salus = in der Treue (liegt) das Heil (Wahlspruch des Sternenordens von Rumänien)

in flore = im Wohlstand, in Saus und Braus

in flagranti = auf frischer Tat (Codex Just.)

in flammam flammas, in mare fundere aquas = Flammen in Flammen, Wasser ins Meer gießen, d. h. etwas Überflüssiges tun (Ov. Am. 3; 2, 34)

in folio = in Halbbogengröße

in genere = im allgemeinen

in hac causa mihi aqua haeret = hier steht der Ochs am Berge (Cic. ad Qu. Fr. 2; 8, 2)

in hac re omni, ut agricolae dicunt, pede standum est = das läßt sich nicht aus den Ärmeln schütteln (Quiat. 12; 9, 18), in dieser Sache muß man sich, wie die Bauern sagen, alle Mühe geben

in hoc signo vince od. vinces = in diesem Zeichen siege od. wirst du siegen (die Inschrift auf dem dem röm. Kaiser Konstantin am Himmel erschienenen flammenden Kreuze)

in honorem = zu Ehren

in infinitum = ins Unendliche fort

in integrum = in den vorigen (Rechts-) Stand wiedereinsetzen, den früheren Rechtsstand wiederherstellen

in magnis et voluisse sat est = bei großen und schwierigen Dingen genügt schon der gute Wille (Propertius 2; 10, 6)

in maiorem Dei gloriam = zum größeren Ruhme Gottes

in medias res = mitten in die Dinge hinein (Horaz, ars poëtica 148)

in memoriam = zum Gedächtnis

in nuce = in einer Nuß, im kleinen, in Kürze

in omnibus aliquid, in toto nihil = in (oder von) allem etwas. im ganzen nichts (Rechtes wissen oder können)

inopi beneficium bis dat, qui dat celeriter = dem Armen gibt doppelt, wer schnell gibt (Publilius Syrus, 245. Sentenz)

in optima forma = in bester Form

in otio incusso iacere = in unerschütterlicher Ruhe; auf der faulen Bärenhaut liegen (Sen. Ep. 67, 15) in partibus infidelium = im Gebiete der Ungläubigen, d. h. der nichtkatholischen Christen; Bischofssitze, die nur dem Titel nach besetzt sind

in (ad) perpetuam memoriam = zum ewigen Gedächtnis

in perpetuam = auf immer

in pertusum dolium dicta ingerere = tauben Ohren predigen, in den Wein reden (Plaut. Pseud. 1; 3, 130)

in petto = auf dem Herzen, in Bereitschaft

in pleno = in od. vor voller Versammlung

in pontificalibus = im Festgewand, höchst feierlich

in praxi = in der Ausübung, im wirklichen Leben

in puncto puncti (od. in puncto sexti) = in betreff des sechsten Gebotes, d. i. der Keuschheit

in puris naturalibus = im reinen Naturzustande, d. h. ohne Kleidung, nackt

INRI = Jesus Nazarenus Rex Judaeorum

in salvo = in Sicherheit

in spiritualibus = in geistlichen Angelegenheiten

in rerum natura = in der Natur oder dem Wesen der Dinge, in der ganzen Welt

insidias facere, ut si hostes sint omnibus omnes = Hinterhalte legen, als ob alle aller Feinde wären (Lucilius)

insigne aliquid facere alicui = jemandem etwas am Zeuge flicken (Ter. Sen. 5; 5, 31)

in silvis lepores, in verbis quaere lepores = im Walde suche Hasen, in Worten Scherze

in sinu atque in deliciis venenatam illam viperam habere = im (am) Busen und in herzlicher Freundschaft jene Giftschlange halten; eine Schlange am Busen nähren (Cic. de harusp. resp. 24, 50) in statu quo = im gegenwärtigen Zustande

in succum et sanguinem vertere = in Saft und Blut umwandeln, ganz in sich aufnehmen

in summa inopia vivo = ich lebe in größter Armut; ich habe nichts zu beißen und zu brechen

integer vitae scelerisque purus = der im Lebenswandel Unbescholtene und von Schuld Reine (Horaz Oden I, 22, 1)

integritati et merito = für Rechtschaffenheit und Verdienst (Wahlspruch des österreichischen Leopold-Ordens)

integrum abire = mit heiler Haut davonkommen

in teneris discere multum est = im zarten Jugendalter lernen, bedeutet viel; was Hänschen nicht lernt, lernt Hans nimmer (Virg. Ge. 2, 272)

inter arma silent leges = (unter den Waffen schweigen die Gesetze), im Kriege gilt kein Recht – als das der Stärkeren (Cic. pro Milone II, 10)

inter arma silent musae = im Kriege liegen Kunst und Wissenschaft darnieder

inter canem et lupum = zwischen Hund und Wolf (in der Zeit, wo der Hund losgelassen wird, um die Herde zu bewachen, und wo der Wolf in der Nähe der Herde herumstreift), in der Abenddämmerung

interim fit aliquid = inzwischen geschieht etwas, kommt Zeit, kommt Rat (Terenz Andria II, 1)

interim velim a sole non obstes = geh' mir vor der Hand ein wenig aus der Sonne (Max. 4, 3 Ext. 4)

inter iocos et seria = unter Scherz und Ernst

inter os et offam = zwischen Mund und Bissen („zwischen Lipp' und Kelchesrand"), ehe man d. Bissen in den Mund bringt (Cato orat. 65 fr. 1)

inter sacrum saxumque sto, nec quic faciam scio = zwischen dem Opfer und dem Stein stehe ich und weiß nicht, was ich machen soll; zwischen Tür und Angel stecken (Plaut. Capt. 3; 4, 84)

inter spem et metum = zwischen Hoffnung und Furcht

intra muros = innerhalb der Mauern, nicht öffentlich

intra parietes privatos = zwischen den Privatwänden, d. h. unter vier Augen

in trinitate robur = in der Dreiheit die Kraft (Denkspruch Fürst Bismarcks)

in triplo = in dreifacher Ausfertigung

introite, nam et hic dii sunt = Tretet ein, denn auch hier sind Götter (Motto v. Lessings „Nathan")

in ulcere tamquam unguis exsisteres = im Geschwür würdest du wie ein Nagel wirken; du würdest nur das Übel ärger machen

in umbra sub tecto vitam agere otiosam = hinterm Ofen sitzen (zu Hause müßig sitzen)

in usum Delphini = zum Gebrauche des Dauphin (für den Sohn Ludwigs XIV. wurden die Klassikerausgaben unter Weglassung der anstößigen Stellen besonders bearbeitet), für die lernende Jugend

inutile pondus terrae = eine unnütze Last der Erde, ein unnützer Mensch

invenit patella operculum = die Schale hat einen Deckel gefunden; gleich und gleich gesellt sich gern (Hieron. ep. 127) in verba magistri schwören = auf die Worte des Meisters oder Lehrers schwören, d. i. dessen Lehrsätze unbedingt, blindlings ohne eigene Prüfung annehmen

invidia gloriae comes = der Neid (ist) der Begleiter des Ruhmes (Corn. Nep. Chabrias 3, 3)

in vino veritas = im Weine ist Wahrheit (Plinius naturalis historia XIV, 28), der Berauschte spricht die Wahrheit

invita Minerva = wider Willen der Minerva d. h. ohne die Fähigkeit und Anlage dazu (Hor ars poëtica 385; Cic. de officiis I, 31, 110) ohne geistigen Beruf

Invocavit (me) = er rief (mich) an; der 6. Sonntag vor Ostern nach Psalm 91, 15

ipsa quidem virtus sibimet pulcherrima merces = Tugend ist sich selbst der schönste Lohn

ipse dixit = er selbst hat's gesagt – ist nach Cicero „De natura deorum“ I, 5, 10 das Wort, mit dem die Schüler des Pythagoras von der Lehren ihres Meisters voller Verehrung sprachen

ipse fecit = er hat es selbst gemacht

ipsissima verba = seine eigenen Worte

ipso facto = durch die Tat selbst; eigenmächtig

ipso iure = durch das Recht selbst; ohne weiteres

i, quid stas lapis = geh', was stehst du wie ein Klotz da!

I. R. = Imperator Rex. Kaiser (und) König

ira furor brevis est = der Zorn ist ein kurzer Wahnsinn (Horaz Epist. 1; 2, 62)

ire tendo de fumo ad flammam = (aus dem Rauche in die Flamme eilen), ich komme aus dem Regen in die Traufe (Amm. 14; 11, 12)

is fecit, cui prodest = der hat's getan, dem es nützt

ita fugias, ne praeter casam, ut aiunt = fliehe so, daß du nicht außerhalb des Hauses (zu stehen kommst); hüte dich, daß du nicht aus dem Regen in die Traufe kommst (Ter. Phor. 5; 2, 3)

ita vita est hominum, quasi, cum ludas tesseris: si illud, quod maxime opus est iactu, non cadit, illud quod cecidit forte, id arte ut corrigas = das Leben des Menschen ist so, wie wenn du mit Würfeln spielst: wenn der am meisten benötigte Wurf nicht fällt, so korrigierst du, was der Zufall brachte, durch einen Kunstgriff (Terenz „Adelphi" 4, 7)

ite, missa est (sc. concio) = geht, entlassen ist (die Versammlung); Schluß der kath. Messe

J

iam proximus ardet Ucalegon = schon brennt's bei dem Nachbar Ukalegon (Virg. Aen. II, 311)

ioci causa (klassisch: per iocum) = spaßeshalber

ioco remoto (extra iocum) = Scherz beiseite

iota unum non praeteribit = nicht ein Jota wird vergehen (Matth. 5, 18)

iubilate = frohlocket, der 3. Sonntag nach Ostern, nach Psalm 66

iucundi acti labores = angenehm sind die erledigten Arbeiten; nach getaner Arbeit ist gut ruhen (Cic. ac fin. 5, 46)

Iupiter pluvius = Jupiter, Regenspender (Goethe: Wanderers Sturmlied)

iurare in verba magistri = auf des Meisters Worte schwören (Horaz Epist. I, 1, 14)

iuravi lingua, mentem iniuratam gero = ich habe mit der Zunge geschworen, ich habe ein Herz, das nicht geschworen hat; die Zunge sprichts, das Herz weiß nichts davon (Cic. de off. 3)
ius primae noctis = das Recht auf die erste Nacht
iustitia regnorum fundamentum = Gerechtigkeit ist die Grundlage der Reiche (Wahlspruch Kaiser Franz I. von Österreich)
iustum et tenacem propositi virum = der gerechte und an seinem Entschluß zäh festhaltende Mann; der Biedermann, treu seinem Entschlusse (Horaz Oden 3; 3, 1)
iuvat cibus post opus = nach getaner Arbeit schmeckt das Essen

L

labores exanclare = den Becher der Leiden bis auf die Neige leeren (Cic. Tusc. 1, 49, 118)
labor improbus = unablässige Arbeit (Virgil Georgica 1, 145)
lacrimae Christi = Christustränen (Vesuvwein)
laeso et invicto militi = dem verwundeten und unbesiegten Soldaten (Inschrift des Berliner Invalidenhauses)
laetitia vana evadit = die Freude geht leer aus (Liv. 23; 12, 12)
laetare (Jerusalem) = freue dich (Jerusalem). 4. Fastensonntag (Rosensonntag) nach Jes. 66 10 (Rosensonntag, weil an ihm der Papst die „Goldene Rose" weiht)
lapsus calami = Schreibfehler
lapsus linguae = Sprechfehler
lapsus memoriae = Gedächtnisfehler

laterem lavare = einen Ziegelstein waschen; leeres Stroh dreschen (Ter. Phorm. 1; 4, 9), Wasser mit dem Siebe schöpfen, d. i. sich vergeblich bemühen (gr. plinthus plynein)

latet anguis in herba = es liegt eine Schlange im Grase verborgen, d. h. es steckt etwas dahinter (Virgil eclogae III, 93); zur Bezeichnung einer verborgenen Gefahr

lauda, Sion, Salvatorem = lobe, Zion, den Erlöser, Kirchengesang (von Thomas von Aquino) am Fronleichnamsfeste

laudator temporis acti = Lobredner der Vorzeit (Horaz ars poëtica 173)

laudat venales, qui vult extrudere merces = es lobt seine Waren, wer sie sobald wie möglich loswerden will; jeder Kaufmann lobt seine Waren (Hor Ep. 2, 2, 11)

lectori salutem! = dem Leser Heil!

lege artis = nach allen Regeln der Kunst

leniter malo perstringi = leicht von einem Übel getroffen werden; mit blauem Auge davonkommen (Sen. NQ 6; 1, 2)

levi defungi poena = mit leichter Strafe davonkommen; mit blauem Auge davonkommen (Liv. 29, 21). levi poena defungeris = es wird nicht den Kopf kosten (auch defungar)

levis sit tibi terra! = leicht sei dir die Erde! (Eurip. Alk. 477)

lex et regio = Gesetz und Gegend; ländlich, sittlich

liberae sunt nostrae cogitationes = unsere Gedanken sind frei (Cicero „Pro Milone“ 29, 79)

L. A. M. = liberalium artium magister = Magister der freien Künste

libere loqui = kein Blatt vor den Mund nehmen

licentia poëtica = dichterische Freiheit (Seneca nat. qualit. 2, 44)

ligna in silvam ferre = (Holz in den Wald) Wasser in den Brunnen tragen (Horaz, Satiren 1, 10, 34,

lingua et pectore verum esse = mit Zunge und Herz wahr sein; das Herz auf der Zunge tragen

lippis et tonsoribus notum = den Triefäugigen und Bartscherern bekannt, d. h. jedermann bekannt

literae non erubescunt = die Buchstaben erröten nicht, d. h. man schreibt kühner, als man spricht (Cic. fam. 5, 12)

L. H. D. = literarum humaniorum Doctor = Doktor der Literaturwissenschaft

litera scripta manet = der geschriebene Buchstabe bleibt, das Geschriebene hat eher Bestand, macht viel eher verbindlich als das Mündliche

loco citato = l. c., oder loco laudato = am angeführten Orte

loco sigilli (L. S.) = anstatt des Siegels

locus regit actum = der Ort ist maßgebend für die Rechtshandlung

longe inferiorem esse aliquo = jemandem weit unterlegen sein, das Wasser nicht reichen

longo sed proximus intervallo = nach langem Zwischenraum, doch der nächste (beim Wettlauf) (Verg. Aen. 5, 320)

longum iter est per praecepta, breve et efficax per exempla = lang ist der Weg durch Lehren, kurz und wirkungsvoll durch Beispiele (Seneca, Epist. 6)

lucri bonus odor = der Geruch des Gewinnes (ist) gut; alles ist gut, wenn es nur etwas einbringt (Iuvenal 14, 202)

lucus a non lucendo = der Wald vom nicht hell sein; hiermit wird der verspottet, der unpassende Wortabstammungen nachzuweisen sucht. (Der Wald heißt lucus, weil es nicht hell darin ist, non lucet). Quintilian: De institutione oratoria; 1, 6

ludibrio habere = mit jemandem Kurzweil treiben; in den April schicken

ludos aliquem dimittere pessimos = mit langer Nase abziehen lassen

lupum tenere auribus = den Wolf bei den Ohren halten; zwischen Tür und Angel stecken, in großer Verlegenheit sich befinden (Suet. Tib. 25)

lupus in fabula = der Wolf in der Fabel (Terenz: Adelphi 4, 1); wenn man den Wolf nennt (Cic. Att. 13; 33, 4), kommt er gerennt.

lupus non curat numerum (ovium) = der Wolf frißt auch die gezählten Schafe (der Wolf kümmert sich nicht um die Zahl der Schafe)

lupus pilum mutat, non mentem = Alter schützt vor Torheit nicht (siehe: vulpes . . .)

lynceum esse = Augen wie ein Falke haben

M

macte! = Heil dir, Glück zu!

macte senex imperator = Heil greiser Kaiser!

maculam delere = (Fehler gut machen) die Scharte auswetzen

magister artis venter = der Bauch ist der Herr der Kunst; die Kunst geht nach Brot (Pers. Prol. 9)

magna amoris conspiratione consentire = in großer Harmonie der Liebe übereinstimmen; ein Herz und eine Seele sein

magnanimi pretium = Belohnung des Hochherzigen (Wahlspruch des dänischen Elefantenordens) magni constant regum amicis bona consilia = den Freunden kommen die guten Ratschläge der Könige teuer zu stehen; mit Großen ist nicht gut Kirschen essen (Sen. de ira 3, 14, 7)

magnum vectigal parsimonia = Sparsamkeit ist gutes Einkommen; was man erspart, ist gewonnen (Cicero)

maiores fertilissimum in agro oculum domini esse dixerunt = die Alten sagten, am fruchtbarsten für den Acker sei das Auge des Herrn (Plinius, Natur. hist. 18, 2)

maiori cedo = ich weiche dem Größeren, vor dem Größeren trete ich zurück (Spruchsammlung des Dionysius Cato)

male parta male dilabuntur = unrecht Gut gedeiht nicht (Cic. Phil. 2; 27, 65)

male partum, male disparit = unrecht Gut gedeiht nicht (Plaut. Poen. 4; 2, 22)

male quidem = freilich schlimm, schlimm genug

male quod sic = schlimm, daß es so ist

male sit tibi = hole dich der Henker!

mali corvi malum ovum = von schlechtem Raben schlechtes Ei; der Apfel fällt nicht weit vom Stamm (Erasm.)

malignus comes quamvis candido et simplici robignem suam affricat = ein übler Genosse teilt seinen Rost (üble Gewohnheiten) einem noch so Harmlosen und Einfachen mit; böse Gesellschaft verdirbt gute Sitten (Sen. Ep. 7, 6)

malleus manubrio sapientior = der Hammer weiser als der Stiel; das Ei will klüger sein als die Henne (Plaut. Epid. 3; 8, 87)

malo arboris nodo malus clavus aut cuneus infigendus est = auf einen schlechten Knoten des Baumes muß ein schlechter Nagel oder Keil gesetzt werden; wie es in den Wald hineinschallt, so schallt es auch wieder heraus, zum groben Klotz gehört ein grober Keil (Hieron. in Matth. 3, 21)

malos faciunt malorum falsa contubernia = schlechter Menschen falsche Gesellschaft macht schlechte Menschen; böse Gesellschaft verdirbt gute Sitten (Anthol. Lat. 3 no. 316 ed Burm.)

malum panem tibi tenerum et siligineum fames reddet = schlechtes Brot wird dir der Hunger zu zartem Weizenbrot machen; Hunger ist der beste Koch (Sen. Ep. 123, 2)

manet alta mente repostum = bleibt tief in die Seele gesenkt (Virgil Aeneide 1, 26)

manu propria = eigenhändig

manum de tabula = die Hand von der Tafel! Hand weg! (Cic. Epist. ad familiares 7, 25; Plinius nennt in seiner „Naturalis historia“ den Maler Achilles als Urheber der Äußerung)

manus manum lavat = eine Hand wäscht die andere (Seneca)

maria montesque polliceri = goldene Berge versprechen (Sallust. Catil. 23, 3); auch montes auri polliceri (Ter. Phorm. 1; 2, 18)

mater dolorosa = schmerzreiche Mutter (Maria)

matura, dum libido manet = beeile dich, solange die Leidenschaft bleibt; man muß das Eisen schmieden, solange es heiß ist (Terenz Phorm. 4; 5, 4)

maxima debetur puero reverentia = dem Knaben gebührt die höchste Ehrfurcht (Juvenal 15)

mea parvitas = meine Wenigkeit (Valerius Maximus, Prolegus) siehe mea tenuitas

mea tenuitas (Aulus Gellius) = meine Wenigkeit

mea virtute me involvo = ich hülle mich in den Mantel der Tugend (Horaz Oden 3; 29, 55) media vita in morte sumus, nach dem Lateinischen Notkers des Älteren Luthers „Mitten wir im Leben sind mit dem Tod umfangen".

medicina vinci fata non possunt = durch Medizin kann das Schicksal nicht besiegt werden; wider den Tod kein Kraut gewachsen ist (Quint.-Deol. 268 extr.)

medio (od. in medio) tutissimus ibis = in der Mitte wirst du am sichersten gehen, der Mittelweg ist der beste (Ovid Metamorphosen 2, 137)

medium tenuere beati = die Mitte hielten die Glücklichen ein

membra incurvata sunt dolore = die Glieder sind schmerzgekrümmt; er krümmt sich wie ein Wurm (Ovid. Met. 6, 246)

memento mori = sei eingedenk, daß du sterblich bist (Wahlspruch einiger Mönchsorden, z. B. Kamaldulenser)

meminisse iuvabit = Verkürzung des Spruches: forsan et haec olim meminisse iuvabit, siehe unter forsan

memoria minuitur, nisi eam exerceas = das Gedächtnis nimmt ab, wenn man's nicht übt (Cic. Cato major 6)

mendacem memorem esse oportet! = ein Lügner muß ein gutes Gedächtnis haben (Quintilian 4, 2, 91)

mens agitat molem = der Geist bewegt die Materie (Virg. Äneide 6, 727)

mensis currentis = m. c., des laufenden Monats

mens sana in corpore sano = ein gesunder Geist in einem gesunden Körper (Juvenal Satiren 10, 356)

mentem praecipitat animus = das Herz läuft mit dem Verstande davon (reißt ihn hin) (Quintil. 6; 2, 6) mentionem alicuius rei inchoare = etwas aufs Tapet (zur Sprache) bringen (Liv. 29; 23, 3)

me tamquam umbra sequitur = er folgt mir wie ein Schatten

mihi neque res neque spes bona ulla = ich habe weder Vermögen noch irgendeine gute Hoffnung; nichts zu beißen und zu brocken

miles gloriosus = der ruhmredige Soldat (Komödie des Plautus), Haudegen, Großsprecher

minimum decet libere, cui multum licet = wem viel erlaubt ist, soll sich am wenigsten erlauben (Seneca)

mirabile dictu = wunderbar zu sagen (m. auditu = w. zu hören, m. visa = w. zu sehen)

mirum caput = ein wunderlicher Kopf, Heiliger

misera contribuens plebs = das arme steuerzahlende Volk (Decretum tripartitum von Verböczi 1514)

miserere mei, Deus! = Gott erbarme dich meiner! Anfang des 57. Psalms

misericordia est vitium animi = Mitleid ist der Fehler des Herzens; allzugut ist dumm

misericordias Domini = die Gnade des Herrn; der 2. Sonntag nach Ostern, nach Psalm 89, 2

mobilium turba Quiritium = der Quiriten wankelmütige Schar (Horaz Oden 1; 1, 7)

modus vivendi = Verkehrsfuß, der Weg der Verständigung, die Art, miteinander zu leben und in Geschäften auszukommen

molestiam devorare = den Verdruß hinunterschlucken; in den sauren Apfel beißen

molli brachio tractari se vult = mit weichem Arm will er sich behandelt wissen; man muß mit ihm umgehen wie mit einem rohen Ei (Cic. Att. 2; 1, 6)

montes auri pollicens = goldne Berge verheißend (Terenz Phormio 1, 2)

monumentum aere perennius = ein Denkmal dauernder als Erz (Horaz Oden 3, 30, 1)

morituri te salutant = siehe ave imperator etc.

mors et fugacem persequitur virum = schnell holt der Tod den flüchtigen Mann ein (Horaz Oden 3; 2, 14)

mulier taceat in ecclesia = die Frau schweige in der Kirche (nach 1. Kor. 14, 34)

multa cadunt inter calicem supremaque labra =
Zwischen Lipp' und Kelchesrand
Schwebt der finstern Mächte Hand (Kind)

multis ille bonis flebilis occidit = er starb, von vielen Guten beweint (Horaz Oden 1; 24, 9)

multorum opera res turbantur = durch Mitwirwirkung vieler werden die Dinge verdorben; viele Köche verderben (versalzen) den Brei

multos timere debet, quem multi timent = wen viele fürchten, der muß viele fürchten

multum, non multa = vieles, nicht vielerlei (Plinius des Jüngeren Briefe VII, 9)

mundus vult decipi, ergo decipiatur = die Welt will betrogen sein, darum werde sie betrogen. (Nach de Thous: historia sui temporis (XII), ein Ausspruch des pästl. Legaten Caraffa, späteren Papstes Paul IV., gest. 1559)

mutato nomine de te fabula narratur = unter Abänderung des Namens erzählt man die Geschichte von dir (Horaz Sat. 1; 1, 69)

N

nam tua res agitur, paries cum proximus ardet = denn du bist in Gefahr, wenn des Nachbars Haus brennt (Hor. Ep. 1; 18, 48)

narrata refero = ich sage nur Erzähltes wieder

naturae convenienter vive! = lebe der Natur gemäß!

naturae lusus = sonderbare Naturerscheinung ein Spiel der Natur

naturalia non sunt turpia = natürliche Dinge sind nicht schimpflich, natürlicher Dinge braucht man sich nicht zu schämen (Grundsatz der Zyniker)

naturam expellas furca, tamen usque recurret = auch wenn man die Natur (das Naturell) mit der Gabel (mit Stock und Stange, mit aller Gewalt) austreibt, sie wird doch immer zurückkehren (Horaz Episteln I, 10, 24). Natur läßt sich biegen, doch nicht brechen.

natura non facit saltus = die Natur macht keine Sprünge (Linné)

navigare necesse, vivere non necesse = schiffen ist notwendig, leben ist nicht notwendig

ne bis in idem = nicht zweimal in derselben Sache (soll jemand bestraft werden)

nec aliud sentire nec aliud loqui = weder anderes fühlen, noch sprechen; das Herz auf der Zunge tragen

nec aspera terrent = auch Widerwärtigkeiten schrecken nicht (Wahlspruch der Welfen)

nec caput nec pedes = weder Hand noch Fuß haben (Cic. Fam. 7; 31, 2) necessitas ante rationem est = Not kennt kein Gebot (Curt 7; 7, 10)

necessitas ultimum ac maximum telum est = Not ist die äußerste und stärkste Waffe (bricht Eisen) (Liv. 4, 28, § 5)

necessitate urgente = wenn die Notwendigkeit drängt, alle Stränge reißen

necessitati parendum est = der Notwendigkeit muß man gehorchen; aus der Not eine Tugend machen, Not bricht Eisen (Cic. de off. 2)

nec te vestigia terrent = nahe Gefahren schrecken dich nicht

ne exeat regno = er gehe nicht aus dem Reiche (mit diesen Worten fing in England ein Gesetz an, in welchem stand, daß niemand ohne obrigkeitliche Erlaubnis England verlassen solle)

neminem time = fürchte niemand

nemo ante mortem beatus = niemand ist vor dem Tode glücklich (zu preisen). Nach Herodot (I, 32) soll es Solon dem lydischen Könige Krösus zur Warnung gesagt haben

nemo dignitati perditae parcit = niemand nimmt auf seinen verlorenen guten Ruf Rücksicht; Ehre verloren, alles verloren (Sen. Clem 1; 22, 1)

nemo iudex, nemo testis idoneus in propria causa = niemand kann in eigener Sache Richter oder Zeuge sein

nemo ultra posse obligatur = siehe ultra ect

ne pilo quidem minus = nicht um ein Haar weniger (Cic. Qu. Fr. 2, 16)

neque aqua aquae, lac est lacti usquam similius, quam hic illius est illeque huius = nirgends ist das Wasser dem Wasser und die Milch der Milch ähnlicher als dieser jenem und jener diesem; er sieht ihm ähnlich wie ein Ei dem andern (Plaut. Men. 5; 9, 30)

neque consilii locum neque auxilii copiam habere = weder für Rat noch Hilfe irgendeine Möglichkeit sehen; seinem Leibe keinen Rat wissen

neque id ad vivum reseco = ich will mit dem Seziermesser nicht tiefer als nötig schneiden (die Worte nicht auf die Goldwaage legen) (Cic. Am. 5, 18)

ne quid nimis = nichts zuviel; alles mit Maß (lat. Übersetzung eines Ausspruches von Chilon)

nervus probandi = der eigentliche, entscheidende Beweisgrund

nervus rerum = der Nerv der Dinge, d. h. Geld (Demosthenes soll zuerst Geld in dieser Weise bezeichnet haben: ta neura ton pragmaton)

nescis, quid versper serus vehat = du weißt nicht, was der späte Abend bringt; man soll den Tag nicht vor dem Abend loben (Varr. bei Gell. 13, 11 in.)

nescit, quot digitos habeat in manu = (er weiß nicht, wieviel Finger er an der Hand hat), er ist dumm wie Bohnenstroh, oder dümmer, als die Polizei erlaubt (Plaut. Pers. 2; 2, 5)

ne sutor supra crepidam = was über die Sandale hinausgeht, möge ein Schuster nicht beurteilen, d. h. Schuster bleib bei deinem Leisten (Plin. Naturalis historia 35, 36)

ne ullum pilum boni viri habet = es ist kein gutes Haar an ihm

ne vitiosa quidem nuce emere = keine taube Nuß darum geben (Plaut. Mil. 2; 4, 45)

ni fallor = wenn ich nicht irre

nihil ad rem = es tut nichts zur Sache

nihil agendo homines male agere discunt = durch Nichtstun lernen die Menschen, Schlechtes zu tun; Müßiggang ist aller Laster Anfang (Col. 11; 1, 26)

nihil agere delectat = nichts tun erquickt (Cic. de orat. 2, 24)

nihil est ab omni parte beatum = es gibt kein vollkommenes Glück (Horaz Oden 2; 16, 27)

nihil est annis velocius = nichts ist schneller als die Jahre (Ovid. Metam. 10, 520)

nihil est furacius illo = nichts ist diebischer als er; er stiehlt wie ein Rabe (Mart. 8; 39, 3)

nihil est periculosius, quam etiam instructa navigia = nichts ist gefährlicher als selbst die ausgerüsteten Schiffe; das Meer hat keine Balken (Sen. Contr. 3, 16)

nihil habenti nihil deest = wer nichts hat, dem fehlt nichts

nihil humani a me alienum puto = siehe Homo sum etc.

nihili esse = von keinem Werte sein; keinen Schuß Pulver wert sein

nihil in intellectu, quod non ante in sensu = nichts (ist) im Verstand, was nicht vorher in der sinnlichen Wahrnehmung (ist). (Grundsatz des Sensualismus)

nihil lucrari = keinen Vorteil haben

nihil praeter suum negotium agere = nichts außer seinen eigenen Angelegenheiten betreiben; vor seiner Tür kehren (Cic. Offic. 1; 34, 125)

nihil proficitur patientia = Dulden hilft zu nichts

nihil probat, qui nimium probat = nichts beweist, wer zuviel beweist nihil quod ad ultimum sui perventurum est finem, non et mature et celeriter incipit = alles, was zu seinem letzten Ziel kommen wird, fängt auch reif und schnell an; was ein Häkchen werden will, krümmt sich beizeiten (V. Max. 8, 7, Ext. 2)

nihil reliqui est = nichts bleibt übrig; quitt!

nil admirari = über nichts sich wundern (Horaz Episteln I, 6, 1). Soll ein Ausspruch des Pythagoras sein

nil delinquere = nichts verschulden; kein Wässerchen trüben

nil mortalibus arduum = nichts ist Sterblichen allzuschwer (Horaz Oden 1, 3, 37)

nil sine magno vita labore dedit mortalibus = das Leben gab den Sterblichen nichts ohne große Mühe (Hor. Sat. 1; 9, 59)

nimias delicias facit = er treibt Possen über die Maßen; der Hafer sticht ihn (Plaut. Cas. 3; 1, 14)

nitimur in vetitum semper cupimusque negata (Ovids amores III, 4, 17) = wir streben nach Verbotenem stets und begehren Versagtes; Verbot reizt.

nodum in scirpo quaerere = einen Knoten in einer Binse suchen, d. h. Schwierigkeiten suchen, wo keine sind, oder sich ohne Nutzen Mühe geben (Terenz. Andr. 5, 4, 38, Plaut. men. 2, 1, 22)

nolens volens = wollend oder nicht wollend, gutwillig oder nicht

noli me tangere = rühre mich nicht an

nolim esse eo, quo ille est, loco = ich möchte nicht an dem Ort sein, wo jener ist; ich möchte nicht in seiner Haut stecken noli turbare circulos meos = „zerstöre nur meine Kreise nicht“, soll Archimedes bei der Zerstörung von Syrakus einem plündernden Soldaten zugerufen haben

nomen et omen = Name und (zugleich) Vorbedeutung (Plautus' Persa IV, 4, 74)

nomen nescio (N. N.) = den Namen weiß ich nicht (nomen nominandum = der zu nennende Name)

nomina sunt odiosa = Namen sind verhaßt

non Archimedes posset melius describere = das hätte der Pfarrer (eig. Archimedes) nicht besser sagen können (Cic.)

non capillos liberos habet = er hat keine freien Haare, mehr Schulden als Haare auf dem Kopfe, kein Ziegel auf dem Dache ist sein eigen

non cuivis contingit adire Corinthum = nicht jedem glückt es, nach Korinth zu kommen, nicht jeder hat Glück

nondum clivum exsuperavimus = wir sind noch nicht über den Berg (Sen. Exp. 31, 4)

nondum omnium dierum sol occidit = es ist noch nicht aller Tage Abend (Liv. 39; 26, 9)

nondum perrupimus omnes difficultates = wir haben noch nicht alle Schwierigkeiten überwunden (Plaut. 8; 23, 35)

non entis sunt praedicata = das Nichtseiende hat keine Merkmale

non est ad astra mollis e terris via = der Weg von der Erde zu den Sternen ist nicht bequem (Seneca Hercules 437)

non ex quovis ligno fit Mercurius = nicht aus jedem Holze kann man einen Merkur schnitzen, d. h. nicht jeder kann berühmt werden non inultum cadere = nicht ungerächt fallen; seine Haut teuer verkaufen

non liquet = es ist nicht klar, läßt sich nicht entscheiden

non multa sed multum = nicht vielerlei, sondern viel (soll man unternehmen, lernen usw.)

non nostrum tantas componere lites = nicht zu unserem Amte gehört es, solchen Streit zu schlichten (Virg. Eclog. 3; 108)

non numeranda sed ponderanda argumenta = man soll die Gründe nicht zählen, sondern wägen

non olet = es riecht nicht (nämlich das Geld); nach Sueton (Vespasianus 23) zuerst von Titus auf die Erträge einer Abortsteuer gebraucht

non omne licitum honestum = nicht alles Erlaubte (ist) ehrenhaft

non omnia possumus omnes = nicht alle können wir alles, d. h. jeder ist in seinen Leistungen beschränkt (Macrobius Saturnalien VI, 1, 35)

non omnibus dormio = ich schlafe nicht bei allem, d. h. ich bin nicht bei allem ruhig

non omnis moriar = ich werde nicht gänzlich sterben (Horaz Oden 3; 30, 6)

non ovum tam simile ovo, quam hic illi est = ein Ei ist nicht so ähnlich einem anderen wie er jenem; er sieht ihm ähnlich wie ein Ei dem andern (Quint. 5; 11, 30)

non plus ultra = nicht darüber hinaus (Hiob 38, 11), das Unübertreffliche

non possidentem multa vocaveris recte beatum = nicht den, der viel besitzt, wirst du mit Recht glücklich nennen (Horaz Oden 4; 9, 45)

non possumus (Apostelgesch. 4, 20) = wir können nicht (Antwort Papst Clemens VII. in der

Scheidungsangelegenheit Heinrichs VIII. von England)

non qua itur, sed qua eundum est = nicht wo man geht, sondern wo man gehen muß, d. h. nur auf dem rechten Wege muß man gehen

non quam diu, sed quam bene vixeris refert = es kommt nicht darauf an, wie lange, sondern wie tugendhaft man gelebt hat

non scholae sed vitae discimus = nicht für die Schule, sondern fürs Leben lernen wir (Sen. der Jüngere, 106. Brief)

non semissis homo = Mensch, der keinen Heller wert ist

non semper feriet quodcumque minabitur arcus = nicht immer wird der Bogen treffen, was er bedroht; nicht alle Kugeln treffen (Horaz ars poëtica 350)

non statim pusillum est, si quid maximo minus est = es ist nicht gleich ganz wenig, wenn etwas weniger ist als sehr viel; man ist nicht gleich ein Zwerg, wenn man kein Riese ist

non sum qualis eram = ich bin nicht derselbe, der ich war (Horaz Oden 4; 1, 3)

non tantum, qui rapuit, verum is quoque, qui recepit, tenetur = nicht nur, wer gestohlen hat, sondern auch der, der bekommen hat, wird festgehalten; der Hehler ist so gut wie der Stehler

nonum prematur in annum = bis ins neunte Jahr werde es (das Gedicht) zurückgehalten (Horaz ars poëtica 388), d. h. man soll an seiner Dichtung unablässig feilen

non volat in buccas tuas assa columba = eine gebratene Taube fliegt dir nicht in den Mund

nosce te ipsum = erkenne dich selbst

nos Póloni non cúramus quant tatem syllábarum = wir Polen kümmern uns nicht um den Wert der Silben. (Der Vers ist zu lesen: nos Polóni non curámus quantitátem syllabárum)
nuda veritas = die nackte Wahrheit (Horaz Oden 1; 24, 7)
nudis verbis = mit nackten Worten
nulla dies sine linea = kein Tag ohne Linie, d. h. ohne schriftliche Aufzeichnung (Plinius des Älteren Naturalis historia 35, 36)
nulla fere causa est, in qua non femina litem moverit = es gibt wohl keinen Streit, den nicht ein Weib begonnen hätte (Iuv. Satir. 6, 242)
nulla praecepta firma et stabilia = keine Regel ohne Ausnahme (Cic. Off. 1; 2, 6)
nulla regula sine exceptione = keine Regel ohne Ausnahme
nullum erit tempus hoc amisso = es wird keine Zeit sein, wenn diese verloren ist; die Zeit kommt nicht wieder
nullum est iam dictum, quod non sit dictum prius = es gibt kein Wort mehr, das nicht schon früher gesagt ist (Ter. Eun. Prolog 41), es ist alles schon dagewesen
nullum magnum ingenium sine mixtura dementiae fuit = es hat keinen großen Geist ohne eine Beimischung von Wahnsinn gegeben (Seneca, de tranquill. anim. 17. 10)
nullus est liber tam malus, ut non aliqua parte prosit = kein Buch ist so schlecht, daß es nicht auf irgendeine Weise nütze (Plin. d. J. 3, 5)
numero deus impari gaudet = der Gott freut sich über eine ungerade Zahl; aller guten Dinge sind drei (Virg. Ecl. 8, 75)

numerus clausus = geschlossene Zahl; zahlenmäßig beschränkte Zulassung (zu einem Beruf)

numquam te fallant animi sub vulpe latentes = niemals mögen dich täuschen die Launen, die hinter dem Fuchs verborgen sind; wenn dich die bösen Buben locken, so folge ihnen nicht (Horaz ars poëtica 437)

numquam retrorsum = niemals zurück! Wahlspruch Ciceros, übernommen v. hannov. Georgsorden

nunc dubitatio exempta est = nun ist mir der Zweifel benommen; jetzt weiß ich, was die Glocke geschlagen hat

nunc est bibendum, nunc pede libero pulsanda tellus! (Horaz Oden 1; 37, 1 u. 2) = jetzt laßt uns trinken, jetzt mit freiem Fuße den Boden stampfen!

nunc quidem paululum a sole = geh mir vor der Hand ein wenig aus der Sonne (Cic. Tusc. 5; 32, 92)

nutrimentum spiritus = Nahrung des Geistes (Inschrift der ehemals Kgl. Bibliothek in Berlin)

O

obsequium amicos, veritas odium parit = Nachgiebigkeit macht Freunde, Wahrheit erzeugt Haß

obstupui, steteruntque comae, et vox faucibus haesit (Virgil Aeneis 2, 774) = mir graust, der Atem stockt; zu Berge steigt mein Haar (Schiller, Zerstörung von Troja 129)

occidit miseros crambe repetita magistros = aufgewärmter Kohl (oft Wiederholtes) tötet die armen Lehrer (Iuven. 7, 154) oculi = der 3. Fastensonntag; nach den Anfangsworten des Psalms 25, 15; oculi mei semper ad Dominum = meine Augen sehen stets auf den Herrn

oculi avidiores sunt quam venter = die Augen sind größer als der Magen

oderint, dum metuant = mögen sie mich hassen, wenn sie mich nur fürchten (Wahlspruch Kaiser Neros)

odi profanum vulgus et arceo (Horaz Oden III, 1, 1) = ich hasse die uneingeweihte Menge und halte sie fern; ich hasse die „Kanalje" und halte sie mir vom Balge

o fallacem hominum spem! = wie trügerisch ist die Hoffnung der Menschen! (Cic. de orat. 3, 2)

o fortunate adolescens, qui tuae virtutis Homerum praeconem inveneris! = O du glücklicher Jüngling, der du einen Homer zum Verkünder deiner Tapferkeit gefunden hast! (Cic. pro Arch. 10)

ohe, iam satis est! = Oh, jetzt ist's genug!

o imitatores, servum pecus = o Nachahmer, sklavisches Gezücht (Horaz Episteln 1; 19, 19)

oleum addere camino = Öl ins Feuer gießen (Hor. Sat. 2; 3, 321)

oleum et operam perdidi = Öl und Mühe habe ich verschwendet. (Aus Plautus „Poenulus" I, 2, 119, wo diese Worte auf eine Dirne angewandt werden, die sich vergeblich schmücken ließ)

olim = ehemals, zu Olims Zeiten

olla male fervet = der Topf siedet schlecht, d. h. die Sache geht schief, es sieht schlimm aus o mihi praeteritos referat si Iupiter annos = o brächte Gott verflogene Jahre zurück (Virg. Aen. 8, 560)

omitte haec! = laß die Nase davon!

omne nimium nocet = alles Zuviel schadet

omne principium grave = aller Anfang ist schwer

omnes eodem cogimur = zum selben Ort müssen wir alle (Horaz Oden 2; 3, 35)

omne simile claudicat = jeder Vergleich hinkt, ist unzureichend (sobald er über einen gewissen Punkt hinausgeht)

omnes pendent ab ore narrantis = alle hängen am Munde des Erzählers (Virg. Aen. 4, 79)

omnes una manet nox = allen bleibt ein und dieselbe Nacht (Hor. Oden 1; 28, 15)

omnes uno ordine habere = alle über einen Kamm scheren (Virg. Aen. 2, 102)

omne supervacuum pleno de pectore manat = alles Überflüssige entströmt vollem Herzen; wes das Herz voll ist, des geht der Mund über (Hor. ars poëtica 237)

omne tulit punctum, qui miscuit utile dulci = der findet allgemeinen Beifall, der das Nützliche mit dem Angenehmen verbindet (Horaz ars poëtica 343)

omne trinum bonum (od. perfectum) = aller guten Dinge sind drei

omnia ad Dei gloriam, abgek. O. A. D. G. = alles zur Ehre Gottes

omnia ad manus succedunt = alles folgt einander handlich; ich habe alles am Schnürchen

omnia casu fiunt = alles ist Werk des Zufalls

omnia conanda docilis sollertia vincit = alle Aufgaben besiegt gelehrige Geschäftigkeit; Lust und Liebe zum Dinge macht alle Mühe und Arbeit geringe (Manil 1, 93)

omnia cum Deo = alles mit Gott

omnia hominum tenui pendent filo = alles hängt an einem seidenen Faden (Ov. Pont. 4; 3, 35)

omnia levi momento pendent = alles hängt an einem leichten Bewegungspunkt; alles hängt an einem seidenen Faden (Liv. 2; 7, 10)

omnia mea mecum porto = alles Meinige trage ich bei mir (Wahlspruch des griech. Weisen Bias)

omnia mutantur nihil interit = alles ändert sich, nichts geht zugrunde (Ovid Metam. 15, 165)

omnia praeclara rara = alles Vortreffliche ist selten (Cic. Laelius 21)

omnia quae sunt aliquando coeperunt = jede Sache hat ihren Anfang

omnia sunt inter eos communia = sie sind ein Herz und eine Seele

omnia vincit Amor = Amor (der Gott der Liebe) überwindet alles (Virgils eclogae 10, 69)

omnibus telis fortunae proposita est vita nostra = unser Leben ist ein Ball des Schicksals

omnis amans amens = jeder Verliebte ist närrisch

omnis festinatio tarda est = alles Eilen ist langsam; Eile hat Weile (Curt. 9; 9, 12)

omnis homo mendax = alle Menschen sind Lügner (Psalm 116, 11)

omnis motus in fine velocior = jede Bewegung (wird) gegen das Ende schneller

omnium rerum principia parva sunt = aller Anfang ist klein (Cic. de finibus 5, 21)

omnium vitiorum fundamentum avaritia est = der Geiz ist die Wurzel alles Übels (Sen. Contr. Exc. 2, 7)

ope et consilio = mit Rat und Tat
opera et studio = durch Mühe und Fleiß
oportet est mala herba = Muß ist ein böses Kraut, Muß ist eine harte Nuß
o praeclarum ovium custodem lupum = das nenne ich mir doch den Bock zum Gärtner setzen (Cic. Phil. 3; 11, 27)
optima fide = im besten Glauben
optima forma = in bester Form (Fassung)
o quantum est in rebus inane! = o wieviel Leeres gibt es auf der Welt! (Persius Sat. 1, 1)
ora et labora! = bete und arbeite
ora pro nobis! = bitte für uns!
oratio pro domo = eine Rede im eigenen Interesse
oratio, quae habet sensus, facile in sensus et mentes hominum intrat = eine Rede, die Sinn hat, geht dem Menschen leicht in Sinn und Herz; was von Herzen kommt, das geht wieder zu Herzen
oratio sine malis est avis sine alis = eine Rede ohne Fehler ist ein Vogel ohne Flügel (Lichtenberg)
orbis pictus = gemalte Welt; Unterrichtsbuch d. Commenius
o sancta simplicitas! = o heilige Einfalt! (soll Huß 1415 auf dem Scheiterhaufen ausgerufen haben, als er sah, wie ein Bauer ein Stück Holz zum Scheiterhaufen trug)
ossa atque pellis totus est = es ist nichts als Haut und Knochen an ihm (Plaut. Aul. 3; 6, 28)
O. S. B. = Ordinis Sancti Benedicti = vom Orden des hl. Benedikt
O. S. Fr. = Ordinis Sancti Francisci = vom Orden des hl. Franz

o tempora! o mores! = o Zeiten! o Sitten! (Cicero in Catilinam I, 1)
otium cum dignitate = Muße mit Würde, d. h. ehrenvolle Zurückgezogenheit, wohlverdienter Ruhestand (Cicero pro Sestio Caz. 45)
o tuam mansuetudinem = o deine **Gutherzigkeit**, o du gutmütiger Narr! du Tropf!
ovem committere lupo = das Schaf dem Wolf anvertrauen; den Bock zum Gärtner setzen (Ter. Eun. 5; 1, 16)

P

pacta sunt servanda = Verträge müssen gehalten werden
p. a. = pro anno = aufs Jahr
Pactolus tibi fluat = möge ein Paktolus für dich fließen, d. h. (alles Gold des P.) alle Reichtümer der Erde dir in den Schoß fallen
panem et circenses! = Brot und Spiele! (der Ruf des röm. Volkes nach den vom Staat zu liefernden Speisen und Vergnügungen)
parcam verbis, gratuita sunt = ich will die Worte sparen, sie sind umsonst, in den Wind gesprochen
parcere subiectis et debellare superbos = schonen die Ergebenen und besiegen die Übermütigen (Virgil Aeneis 6, 583)
pares cum paribus facillime congregantur = gleich und gleich gesellt sich gern (Cic. Sen. 3, 7)
par nobile fratrum = ein edles Brüderpaar: im ironischen Sinne (Horaz Satiren II, 3, 243)
par pari respondere = mit gleicher Münze bezahlen, **Gleiches mit Gleichem vergelten (Cic.** Att. 16, 7, 6)

parta tueri = das Erlangte behaupten (Ovid ars amandi 2, 13)

parturiunt montes, nascetur ridiculus mus = die Berge kreißen, geboren wird eine lächerliche Maus (Horaz ars poëtica 139), viel Geschrei und wenig Wolle

parum refert = es liegt wenig daran

parva do, ut mihi magna remittantur = wenig gebe ich, damit mir viel wiedergegeben wird; ich werfe eine Wurst nach einer Speckseite (Mart. 5, 59, 3)

pastor fidus animarum fidelium = treuer Hirt der gläubigen Seelen. Aus der Abkürzung p. f. a. f. leitet man fälschlich das Wort Pfaff ab, das aus dem griech. papas entstanden ist

pater peccavi = Vater, ich habe gesündigt (Lukas 15, 18 u. 21)

patres maiorum (minorum) gentium = Senatoren aus den ersten (geringeren) Geschlechtern; vergleiche di minorum gentium = Götter aus geringeren Geschlechtern (Cic. Tusc. 1, 13, 29)

patria est, ubicumque est bene = das Vaterland ist überall, wo es gut ist (Cicero „Tusc." 5, 37)

paulatim longius itur = allmählich kommt man weiter

paulo plus adbibisse = etwas zuviel getrunken haben

paulum damni accipiet = er wird ein wenig Schaden erleiden, Haare lassen müssen

paupertas mordet = Armut tut weh

paupertas non est probro = Armut schändet nicht

paupertas tolerabilis est, si ignominia absit = Armut ist erträglich, wenn keine Schande dabei ist; Armut schändet nicht pauper ubique iacet = überall liegt der Arme am Boden (Ovid. Fasti. 1, 218)

pax vobiscum = Friede sei mit euch (Joh. 20, 19), auch pax Domini vobiscum = der Friede des Herrn sei mit euch!

p. c. = pro centum = für hundert, %

pectus est, quod facit disertum (od. disertus) = das Herz ist's, das beredt macht; wes das Herz voll ist, des geht der Mund über

pecuniam per gulam ventremque transmittere = sein Geld durch die Kehle jagen (Quint. Decl. 260)

pedem summis digitis suspendit = er hängt seinen Fuß an den Zehenspitzen auf; er geht wie auf Eiern

pendere filo = an einem seidenen Faden hängen (Ovid ex Pont. 4, 3, 35), in Gefahr schweben

per angusta ad augusta = durch Enges zu Hohem, „durch Gedränge zum Gepränge"

per aspera ad astra = auf rauhen (Wegen) zu den Sternen, durch Kampf zum Siege (Wahlspruch des mecklenb. Ordens der Wendischen Krone)

per casum obliquum = auf krummem Wege, auf Schleichwegen

pereant! = sie mögen zugrunde gehen!

per fas et nefas = mit Recht und Unrecht, auf jeden Fall, auch wenn einem Unrecht geschieht

perfer et obdura! = trage und dulde (Ovid ars amandi 2, 170)

periculum ex aliis facito quod tibi usui sit = du sollst an anderen erproben, was dir nützlich ist; man muß sich an anderen ein Beispiel nehmen

periculum in mora = Gefahr im Verzuge (Liv. 38, 95, 13)

per me equidem sint omnia protinus alba = von mir aus mag alles fürderhin weiß sein; ich will fünfe gerade sein lassen (Pers. 1, 110)
per me licet = meinetwegen mag's geschehen
per pedes apostolorum = zu Fuß (reisen wie) die Apostel
per quidquid deorum est = bei allen Heiligen!
per risum multum debes cognoscere stultum = am vielen Lachen erkennt man den Narren
persona grata = eine angenehme Person
persona gratissima = eine in hoher Gunst stehende Person
per varios casus, per tot discrimina rerum = durch mancherlei Zufälle, durch so viele gefahrvolle Lagen (Virgil Aen. 1, 204)
pestis in amicitia pecuniae cupiditas = Geldgier ist das Grab der Freundschaft
petere licet = bitten ist erlaubt
Philippica = Demosthenes hielt donnernde Kampfreden gegen Philipp von Mazedonien; danach nannte Cicero seine Reden gegen Antonius „Philippische", und heute noch nennen wir eine Strafpredigt eine „Philippika"
pia desideria = fromme Wünsche
pia fraus = frommer Betrug (Ovid Met. 9, 711)
pinxit (unter Bildern) = hat (es) gemalt
pisces natare oportet = die Fische müssen schwimmen (d. h. man muß zu Fischen trinken) (Petr. 39)
plane qualis dominus, talis est servus = wie der Herr, so der Knecht (Petr. 58, 3)
plaustrum percellere = den Wagen umwerfen, d. h. die Sache schlecht machen (Plaut. Epid. 4; 2, 22)
plenus venter non studet libenter = ein voller Bauch studiert nicht gern

plurima vota valent = die meisten Stimmen gelten

plusculum se invitasse = sich etwas zu stark eingeladen haben, betrunken sein (saucium esse mero)

plus quam possis audere = mehr wagen, als man kann; fliegen wollen, ehe die Federn gewachsen sind (Quint. 1; 1, 32)

p. m. = post meridiem = nachmittags
post mortem = nach dem Tode
pro memoria = zur Erinnerung

poëta laureatus = lorbeergekrönter Dichter

Pontifex maximus = Oberster Priester im alten Rom; Titel des Papstes

poni inter duo pericula = zwischen zwei Gefahren geraten (Sen. Contr. 1, 1 p. 71)

post Christum (natum) = p. Chr. (n.) = nach Christi Geburt

post coenam iace et pausa, nec i nec sta sine causa = nach dem Essen liege und ruhe, geh' nicht und steh' nicht ohne Grund

post coenam stabis, seu passus mille meabis = nach der Mahlzeit sollst du stehn, oder tausend Schritte gehn

post festum = (nach dem Feste), hinterher, zu spät

post malam segetem serendum est = nach der schlechten Ernte muß man dennoch wieder säen (Seneca)

post memoriam hominum = seit Menschengedenken

post nubila Phoebus = hinter den Wolken Phöbus, auf Regen folgt Sonnenschein

post urbem conditam = nach Gründung der Stadt

potest taurum tollere, qui vitulum sustulerit = (einen Stier kann tragen, wer ein Kalb getragen hat), durch fortgesetzte Übung wächst die Kraft (Petr. 25, 6)

potior est, qui prior est = mächtiger ist, wer früher ist; wer zuerst kommt, mahlt zuerst

potius amicum quam dictum perdere = lieber einen Freund als einen Witz verlieren (Quint. De instit. orat. 6, 3, 28)

pp. = pergite, Pierides (Virg.) = macht fort; auf, ans Werk; und so weiter

P. P. = Patres = Mz. von pater

P. P. = praemissis praemittendis (auf Schriftstücken) = man nehme an, der gebührende Titel sei vorausgeschickt; auch praemisso titulo

P. prim. = pastor primarius = oberster Vertreter der kath. Kirche in den einzelnen Staaten

p. ptr. = praeter propter = etwa, ungefähr

praedicare de Remo et Romulo = von Adams Zeiten erzählen (Cic. Legg. 1; 3, 8)

prae ira non esse compotem sui = vor Zorn von Sinnen sein, aus der Haut fahren wollen

praemium virtuti et pietati = Belohnung der Tugend und Frömmigkeit (Sinnspruch des Ordens des heiligen Johann von Lateran)

praesente medico nihil nocet = in Gegenwart des Arztes schadet nichts

praesenti ne credas fortunae = glaube dem gegenwärtigen Glück nicht; man soll den Tag nicht vor dem Abend loben (Liv. 45; 8, 6)

praeter speciem sapit (od. callidus est) = er ist verständig (schlau) über sein Aussehen hinaus; er ist nicht so dumm, wie er aussieht

praeter speciem stultus est = er ist dümmer, als er aussieht (Plaut. Most. 4; 2, 49) praetervehitur aures aliquid = etwas fährt an den Ohren vorbei; es geht etwas zu dem einen Ohr hinein und zu dem andern heraus

precibus est locus = für Bitten ist ein Ort; ein gutes Wort findet eine gute Statt

primum esse, tum philosophari = zuerst sein. dann philosophieren (Seneca)

primus inter pares = der erste unter den Gleichen (d. h. bei gleichem Range)

primus omnium = der Erste von allen

principibus placuisse viris, non ultima laus est = den ersten Männern zu gefallen, ist nicht der geringste Ruhm (Horaz Epist. 1; 17, 35)

principiis consentit exitus = wie der Anfang, so das Ende

principiis obsta! = widerstehe den Anfängen (Versuchungen, Reizungen) (Ovid Remed. amor. 92)

pro aris et focis certamen = Kampf um Altar und Herd (Cic. de nat. deorum 3, 40)

probitas laudatur et alget = die Rechtschaffenheit wird gepriesen und friert dabei (Iuvenal Satiren 1, 74)

pro certo affirmare aliquid = Brief und Siegel auf etwas geben

procul absit! = möge er fern von hier sein, möge er mir drei Schritte vom Leibe bleiben!

procul a Iove, procul a fulmine = fern vom Jupiter, fern vom Blitz, weit vom Ziel ist gut vorm Schuß

pro domo = für das Haus, d. h. in meinem Interesse, Nutzen

profert cornua vultur = (der Geier zieht Hörner vor), für etwas Unmögliches (Claud. in Eutr 1, 352)

proficiat! = wohl bekomm's! Prosit!
pro forma = der Form wegen, zum Schein
pro mille = für tausend, ‰
promissis non stare = zu seinen Versprechungen nicht stehen
propria laus sordet = Eigenlob stinkt
proprio Marte = aus eigener Kraft
pro rata parte = nach Verhältnis
prospera alea uti = Glück im Spiele haben (Suet. Cae. 41)
pro studio et labore = für gehabte Bemühung und Arbeit
pro tempore = p. t. = für jetzt
providentiae memor = der Vorsicht eingedenk (Denkspruch auf dem Kreuz des Königl. sächs. Rautenordens)
proximus est sibi quisque = jeder ist sich selbst der Nächste
proximus sum egomet mihi = ich bin mir selbst der Nächste (Ter. Andr. 4; 1, 12)
P. s. = post scriptum = Nachschrift
publicum meritorum pretium = öffentlicher Lohn der Verdienste (Denkspruch des ungar. St. Stephansordens)
pueri puerilia tractant = Kinder treiben Kindereien (Sunt pueri pueri, pueri puerilia tractant)
pulvis et umbra sumus = Staub und Schatten sind wir (Horaz Oden 4; 7, 16)
punctum saliens = der springende Punkt, Brutpunkt im Ei der Vögel, der Lebenspunkt, der Kernpunkt, der Hauptpunkt, worauf alles ankommt

Q

quadrupedante putrem sonitu quatit ungula campum = dröhnend erschüttert das lockere Feld der Schall vierfüßiger Hufe (Virg. Aeneis 8, 596)

quae medicamenta non sanant, ferrum sanat, quae ferrum non sanat, ignis sanat = was Arzneien nicht heilen, heilt das Messer; was das Messer nicht heilt, heilt Feuer (Hippokrates Aphorismen)

quaestionem difficilem praeponere = eine schwierige Frage vorlegen

qualis rex, talis grex = (wie der König, so die Herde), wie der Herr, so der Knecht

qualis vir, talis oratio = wie der Mann, so die Rede

quam quisque norit artem, in hac se exerceat = welche Kunst ein jeder versteht, in der möge er sich üben; Schuster bleib bei deinem Leisten! (Cic. Tusc. 1; 18, 41), Übersetzung von Aristoph. Wespen 14, 31: erdoi tis hen hekastos eideie technen

quamvis sint sub aqua, sub aqua maledicere tentant = wenn auch unter dem Wasser, versuchen sie auch dort nur zu schimpfen (die Frösche - Ovid Metam. 6, 376)

quandoque bonus dormitat Homerus = zuweilen schläft auch der gute Homer (Horaz ars poëtica 359)

quantum est, quod noscimus = wievieles wissen wir nicht

quantum mutatus ab illo = wie sehr verändert von jenem (Virgil Aeneis 2, 274) quasimodogeniti = (wie die Neugeborenen), der erste Sonntag nach Ostern (1. Petr. 2, 2)

quasi re bene (optime) gesta = gleichsam als wäre es recht gut getan

quem di diligunt, adolescens moritur = wen die Götter lieben, der stirbt als Jüngling (Plautus „Bacch." 4, 7, 18)

quem saepe transit casus, aliquando invenit = der, an dem der Fall oft vorübergegangen ist, findet ihn einmal; der Krug geht solange zu Wasser, bis er bricht (Sen. Herc. Fur. 326)

qui alteri exitium parat, eum scire oportet sibi paratam pestem = wer andern Untergang bereitet, der muß wissen, daß ihm Verderben droht; wer andern eine Grube gräbt, fällt selbst hinein (Cic. Tusc. 2; 17, 39)

quia receptores non minus delinquunt, quam aggressores = weil die Empfänger nicht weniger sündigen als die, die an eine Sache herangehen; der Hehler ist so gut wie der Stehler (Marcian. Dig. 47; 16, 1)

qui asinum non potest, stratum caedit = wer den Esel nicht schlagen kann, schlägt auf die Decke; wer den wahren Täter nicht züchtigen kann, läßt seinen Zorn am Unschuldigen aus (Petr. 45, 8)

quicumque turpi fraude semel innotuit, etiamsi verum dicit, amittit fidem = wer durch schändlichen Betrug einmal bekannt wurde, der verliert die Glaubwürdigkeit, selbst wenn er die Wahrheit sagt (Phaedrus I, 10)

quid ad me (te)? = was geht's mich (dich) an?

quid hoc sibi vult? = was soll das heißen?

quid iuris = was Rechtens ist

quid iuvat amissò claudere saepta grege? = was hilft's, den Stall zu verschließen, wenn die Kuh weg ist?

quid iuvat aspectus, si non conceditur usus? = was hilft der Anblick, wenn man ihn nicht genießen darf?

quid novi ex Africa = was gibt's Neues aus Afrika (Aristoteles hist. anim. 8, 28)

quidquid agis, prudenter agas et respice finem! (Gesta Romanorum 103) = Was du tust, tue vorsichtig und bedenke das Ende

quidquid delirant reges, plectuntur Achivi (Hor. Epist. 1; 2, 14) = das wahnwitzige Beginnen der Könige büßen die Völker; wenn sich die Könige raufen, müssen die Bauern Haare lassen (Seume)

quidquid id est timeo Danaos et dona ferentes = was es auch sei, ich fürchte die Griechen auch dann, wenn sie schenken (Virgil Aeneis 2, 49) – Danaergeschenk = verhängnisvolles Geschenk (Trojan. Pferd)

quidquid in buccam venerit garrire = schwatzen, was einem vor den Schnabel kommt (Cic. Att. 1, 12)

quidquid sub terra est, in apricum proferet aetas = was auch unter der Erde ist, ans Licht bringt es die Zeit; es ist nichts so fein gesponnen, es kommt doch endlich an die Sonnen (Horaz Ep. 1; 6, 24)

quidquid venerit obviam, loquitur = er redet, wie ihm der Schnabel gewachsen ist (Mart. 11; 6, 7)

quid sit futurum cras, fuge quaerere = forsche nicht, was der nächste Morgen bringt (Horaz Oden 1; 9, 13)

quid vesper ferat, incertum est = was der Abend bringt, ist ungewiß; es kann vor Abend leicht anders werden (Liv. 45; 8, 6)
quieta non movere = das Ruhende nicht stören (Bismarcks Warnung vor übertriebenem Streben nach Neuerungen)
qui laborat orat = wer arbeitet, betet (Lichtenberg)
quilibet fortunae suae faber = jeder ist seines Glückes Schmied
quilibet praesumitur bonus, donec probetur contrarium = von jedem setzt man voraus, daß er gut ist, solange nicht das Gegenteil bewiesen wird [quilibet praesumitur malus, donec probetur contrarium]
quinam hi sunt mores? (quaenam ista licentia est?) = was ist das für eine Zucht?
qui nimium probat, nihil probat = wer zuviel beweist, beweist nichts
qui non vult intellegi, non debet legi = wer nicht verstanden sein will, den soll man auch nicht lesen
qui proficit in literis et deficit in moribus, plus deficit quam proficit = wer im Wissen zunimmt und in den Sitten abnimmt, nimmt mehr ab als zu
qui sapit, de me discet = ein Kluger nimmt sich ein Beispiel an mir
quis leget haec? = wer wird das lesen (Lucilius)
quisque suorum verborum optimus interpres = jeder ist der beste Erklärer seiner Worte
quis semel peieraverit, ei credi postea, etiam si per plures deos iures, non oportet = wer einmal meineidig geworden ist, dem darf man später nicht glauben, auch wenn er bei mehreren Göttern schwört; wer einmal lügt

dem glaubt man nicht, und wenn er auch die Wahrheit spricht (Cic. Rab. Post. 13, 36)

quis solem fallere possit? = Wer vermöchte die Sonne zu täuschen? (Ovid ars amandi 2, 575)

quis tulerit Gracchos de seditione querentes? = Wer sollte wohl die Gracchen ertragen, die sich über einen Aufstand beklagen? (Iuvenal Satire 224)

quis ullam pro beneficiis deberi putat gratiam? = wer glaubt, daß man für Wohltaten irgendeinen Dank schuldet? Undank ist der Welt Lohn

qui tacet consentire videtur = wer schweigt scheint zuzustimmen (Decretalen VI), keine Antwort ist auch eine Antwort

quod alii intriverunt excedere = (büßen, was andere verschuldeten) die Zeche bezahlen (Ter. Phorm. 2; 2, 4)

quod bene (optime) notandum = was wohl (bestens) zu merken ist

quod bonum, felix faustumque sit = was gut glücklich und zum Heile sei

quod cito fit, cito perit = was schnell entsteht. schnell vergeht

quod Deus bene vertat (od. vortat)! = abgekürzt Q. D. B. V. = Gott wolle es zum besten kehren. Gott wolle es gelingen lassen

quod dubitas, ne feceris = worüber du zweifelhaft bist, das tue nicht

quod erat demonstrandum = was zu beweisen war (hoper edei deixai heißt es am Schlusse jedes Beweises bei Euklid, um 300 v. Chr.)

quod faxitis deos velim fortunare = mögen die Götter zu eurem Tun ihren Segen geben

quod latet, ignotum est, ignoti nulla cupido = was verborgen ist, ist unbekannt, nach Unbekanntem kein Verlangen; was ich nicht weiß, macht mich nicht heiß (Ovid ars am. 3, 397)

quod libet = was beliebt, durcheinander, Mischmasch

quod licet Iovi, non licet bovi = (was dem Jupiter erlaubt ist, ist darum dem Ochsen nicht erlaubt) eines schickt sich nicht für alle

quod nocet, docet = was schadet, belehrt, durch Schaden wird man klug (quae nocent, docent)

quod non est in actis, non est in mundo = was nicht in den Akten steht, ist nicht in der Welt, d. h. für den Richter nicht vorhanden

quod non opus est, asse carum est = was nicht nötig ist, ist mit einem As teuer bezahlt; was man nicht nötig hat, ist teurer, auch wenn es nur einen Pfennig kostet (As = röm. Münzeinheit)

quod sensus ostendit, id credit animus = was die Augen sehen, glaubt das Herz (Sen. Ep. 117, 12)

quod tibi fieri non vis, alteri ne feceris! = was du nicht willst, das man dir tu, das füg' auch keinem andern zu (Alexander Severus)

quod tua nihil refert, ne cures = was dich nichts angeht, darum kümmere dich nicht

quod vult Deus = was Gott will (mag geschehen)

quos Deus perdere vult, dementat prius = die Gott verderben will, verblendet er vorher

quos ego = ich will euch! Drohung des Neptun, als die Winde wider seinen Willen gestürmt hatten (Virgil, Aeneis 1, 135)

quo semel est imbuta recens, servabit odorem testa diu = womit man zuerst ein Geschirr füllte, danach wird's lange riechen (Hor. Epist. 1, 2, 69) quot capita, tot sensus = so viele Köpfe, so viele Sinne

quot capitum vivunt, totidem studiorum milia = wieviel tausend Häupter leben, soviel tausend Interessen; soviel Köpfe, soviel Sinne (Horaz Satir. 1; 2, 27)

quot homines, tot sententiae = soviel Köpfe, soviel Sinne (Ter. Phorm. 2; 4, 14)

quotidiana vilescunt = Alltägliches wird wertlos

quot verba, tot pondera = soviel Worte, soviel Gewichte

quousque tandem = wie lange noch (soll es dauern) Anfang der ersten Rede Ciceros gegen Catilina

R

rana in fabula = es ist der Frosch in der Fabel d. i. er bläst sich auf wie der Frosch, der zuletzt zerplatzte

rana in paludes resilit, etiam si in solium locaveris = der Frosch hüpft wieder in den Pfuhl, wenn er auch säß auf güldnem Stuhl

rara avis = ein seltener Vogel, etwas Seltenes (Horaz Satir. 2; 2, 26)

rationes alicui conturbare = in seinen pekuniären Verhältnissen in Verlegenheit geraten (Ter. Eun. 5; 2, 29)

ratum et gratum = kräftig und angenehm

ratio ad nummum convenit = die Rechnung stimmt auf den Pfennig

rebus sic stantibus = da die Sachen so stehen bei dieser Sachlage

recipe = Rp. = nimm!

recte folio = auf der Vorderseite des Blattes

Rector magnificentissimus = erhabenster Leiter (der Hochschule) redivivus = wieder erstanden

relata refero = ich erzähle, was oder wie ich gehört habe, nach Hörensagen (Herodot)

rem acu tetigisti = du hast die Sache mit der Nadel berührt, den Nagel auf den Kopf getroffen

Reminiscere = der Gedenksonntag, zweiter Fastensonntag, von den Anfangsworten Ps. 25, 6 in der latein. Bibel: reminiscere, Domine etc.

rem involutam emere = eine Sache eingewickelt, die Katze im Sacke kaufen (Sen. Ep. 80, 8)

rem timide tractat (od. ambagibus utitur) = er behandelt die Sache behutsam; er geht drum herum, wie die Katze um den heißen Brei

repetitio est mater studiorum = die Wiederholung ist die Mutter der Studien

requiescat in pace = er (oder sie) ruhe in Frieden

res ad triarios rediit = die Sache ist bis zu den Triariern (letzte und stärkste Schlachtreihe) gekommen; es ist Not da (Liv. 8, 8, § 11)

res eius dilabuntur = es geht mit ihm (seinem Vermögen) bergab

res est in portu = die Sache ist im Hafen; es hat keine Gefahr (Plaut. Merc. 4; 7, 48)

res inter manus est = die Sache liegt auf der Hand (d. h. ist leicht begreiflich)

res severa est verum gaudium = eine ernste Sache ist eine wahre Freude (Sen. Epist. 23) Inschrift am Leipziger Gewandhause

reverendi ministerii candidatus = Kandidat des ehrwürdigen Dienstes, Pfarramtsanwärter

rex regnat, sed non gubernat = der König herrscht, aber regiert nicht (J. Zamoiski, † 1605, im polnischen Reichstage)

ridentem dicere verum = lächelnd die Wahrheit sagen (Horaz Satiren 1; 1, 24)
rite = in herkömmlicher, ordnungsmäßiger, feierlicher Weise
risum teneatis amici! = enthaltet euch, Freunde, des Lachens! lacht nicht! (Hor. ars poëtica 5)
rixari de lana caprina = sich über des Kaisers Bart streiten (um Ziegenwolle) (Horaz Epist. 1; 18, 15)
Roma aeterna = das ewige Rom (Tibull. II, 5, 23)
Roma locuta, causa finita = Rom hat gesprochen, die Sache ist erledigt (Augustin, Sermo 131, 10)
Romam cuncta undique atrocia aut pudenda confluunt celebranturque = in Rom fließt von allen Seiten alles Scheußliche und Schändliche zusammen und findet Anerkennung; Rom ist der Pfuhl aller Laster (Tac. Ann. 15, 44)
Romani imperii semper Augustus = des römischen Reiches allzeit Mehrer, ein Titel der deutschen Kaiser
rudis indigestaque moles = eine rohe ungeordnete Masse (Ovid Metamorphosen 1, 7), Tohuwabohu (Genesis 1, 2)
ruere in servitium = sie stürzten sich in die Knechtschaft (Tacitus „Annalen“ 1, 7)
rumpitur invidia = er platzt vor Neid (Martial. 9, 98)

S

sacrilegia minuta puniuntur; magna in triumphis feruntur = kleine Vergehen werden bestraft, große verherrlicht; kleine Diebe fängt man, große läßt man laufen (Sen. Ep. 87, 20)
saepe stilum vertas = oft wende den Griffel, d. h. feile den Ausdruck (Horaz Satir. 1; 10, 72)

saginam suam vix continere = in seinem Fette fast ersticken

salivam aliquid mihi movet = es macht mir den Mund wässerig (Sen. Ep. 79, 6)

salus publica suprema lex esto = die Staatswohlfahrt muß das höchste Gesetz sein

salva fama = mit Vorbehalt und ohne Nachteil des guten Rufes

salva venia = mit Verlaub (zu sagen)

salve regina [misericordiae]! = sei gegrüßt, Königin (der Barmherzigkeit)!, ein an die Jungfrau Maria gerichteter Gesang in der kathol. Kirche

salvo errore calculi = s. e. c. = Rechenfehler vorbehalten

salvo errore et omissione = s. e. et o. = Irrtum und Auslassung vorbehalten

salvo titulo = S. T. = mit Vorbehalt des richtigen Titels

sancta simplicitas = o heilige Einfalt (Huss 1415 auf dem Scheiterhaufen)

sapere aude = wage es, weise zu sein, versuche es, verständig zu sein (Horaz Epist. 2; 2, 40)

sapientia est omnium bonarum artium mater = die Weisheit ist die Mutter aller edlen Künste

sapienti sat! = dem Weisen genug! genug für den Verständigen (Terenz. Phorm. 3; 3, 8)

sapit nimio plus quam Thales = er weiß viel mehr als Thales (Philosoph aus Milet, einer der 7 Weisen); er hört einen Floh husten (Plaut. Bacch. 1; 2, 13)

sat celeriter fit, quidquid fit satis bene = schnell genug geschieht, was gut genug gemacht wird; gut Ding will Weile haben (Suet. Aug. 25) sat prata biberunt = genug haben die Wiesen getrunken, ich habe genug (Virg. Georg. 3, 111)

scapham scaphum dicere = einen Kahn Kahn nennen, d. i. das Kind beim rechten Namen nennen, frei heraussprechen

sceletus, non homo est = er ist nur noch sein Schatten

scrupulum alicui inicere = bei jem. Bedenken wachrufen; jem. einen Floh ins Ohr setzen (Ter. Ad. 2; 2, 20)

sculpsit = hat es gemeißelt

secum commurmurari (murmurare) = bei sich, in den Bart murmeln

secundae res ei de amore sunt = er hat Glück in der Liebe

secunda Petri, vgl. altera pars Petri

sed fugit interea, fugit irreparabile tempus = unterdessen flieht die Zeit, die unwiederbringliche (Virgil Georg. 3, 284)

sed haec hactenus = das wäre dies, doch für diesmal genug!

sed nunc non erat his locus = das war aber jetzt hier nicht am Platze (Horaz, ars poëtica 19)

semel pro semper = ein für allemal

semper aliquid haeret = es bleibt immer etwas hängen, z. B. von falschen Angaben und Verleumdungen

semper Augustus = allezeit Mehrer des Reiches im kaiserl. Titel

semper homo bonus tiro est = ein guter Mensch bleibt stets ein Anfänger (Martial 12, 51)

semper idem = stets derselbe

semper pauper eris, si pauper es, dantur opes nulli nunc nisi divitibus = immer wirst du arm sein, wenn du arm bist, Geld gibt man

jetzt nur den Reichen; wer zum Heller geschlagen ist, bleibt es sein Leben lang (Mart. 5, 81)
Senatus Populusque Romanus = S. P. Q. R. = Senat und Volk von Rom
sequuntur se sicut grues; unus non dicit quod alter = sie rennen wie die Kraniche hintereinander her, und keiner sagt, was nicht schon ein anderer gesagt hätte
seris venit usus ab annis = Alter gibt Erfahrung (Ovid. Metam. 6, 29)
sero sapiunt Phryges oder Troiani = die Phryger (oder Trojaner) werden (zu) spät klug (Cic. Fam. 7; 7, 16)
sero venientibus ossa = den zu spät Kommenden (gehören) die Knochen; wer nicht kommt zur rechten Zeit, der muß sehn, was übrigbleibt
serva me, servabo te = rette mich, dann rette ich dich; Wurst wider Wurst (Petr. 44, 3)
sesquipedalia verba = ellenlange Worte (Horaz ars poëtica 97)
sibi asciam in crus impignere (Petr. 74, 16) = sich eine Axt ins Bein schlagen; sich selbst ins Fleisch (oder sich ins eigene Fleisch) schneiden d. h. sich selbst Schaden zufügen
sic = so, wirklich so!
sic erat in fatis = so stand es im Buche des Schicksals (Ovid Fasti 1, 481)
sic eunt fata hominum = so gehen die menschlichen Schicksale
sic itur ad astra = so steigt man zu den Sternen auf (Virgil Aeneis 9, 641)
sic transit gloria mundi = so vergeht die Herrlichkeit der Welt
sic volo, sic iubeo = so will, so befehle ich, oder statt aller Gründe soll mein Wille gelten (nach einem Vers aus Iuvenals Satiren 6, 223;

hoc volo, sic iubeo, sit pro ratione voluntas = das will ich, so befehle ich, statt der Vernunft gelte mein Wille)

si digito quem attigisset = wenn er jem. mit dem Finger berührt, ein Haar gekrümmt hätte (Cic. Tusc. 5; 19, 55)

si diis placet = wenn es den Göttern gefällt, so Gott will (auch ironisch, wenn die Götter solchen Unsinn zulassen)

si fabula vera = wenn die Geschichte wahr ist, wenn es wahr ist

signa suo nomine = bezeichne es mit dem gehörigen Namen

si id certius scirem = wenn ich das sicherer wüßte, darüber Brief und Siegel hätte

silent leges inter arma = im Kriege schweigen die Gesetze; Gewalt geht vor Recht (Cic. pro Milone 4, 10)

si libet, licet = erlaubt ist, was gefällt (Spartianus, Anton Caracalle 10)

simile claudicans = eine hinkende, d. i. eine unpassende Vergleichung

similia similibus cognoscuntur = Ähnliches wird durch Ähnliches erkannt

similia similibus curantur = Ähnliches wird durch Ähnliches geheilt, Grundsatz der Homöopathen

similis simili gaudet = wörtlich: der Ähnliche erfreut sich des Ähnlichen; gleich und gleich gesellt sich gern

si natura negat, facit indignatio versum = wenn die Natur auch den Dichtergeist versagt, so hilft der Unwille dazu, einen Vers (od. ein Gedicht) zu machen (Juv. Satiren 1, 79)

sincere et constanter = aufrichtig und standhaft (Wahlspruch des preußischen Roten Adlerordens) sine amicitia vitam esse nullam = ohne Freund gibts kein Leben (Cic. Laelius 23, 86)

sine Cerere et Baccho friget Venus = eig. ohne Ceres und Bacchus friert die Venus, d. i. ohne Wein und Brot ist die Liebe tot (Ter. Eunuch 4, 5)

sine die et consule = ohne Tag und Konsul, d. i. ohne Tag und Jahreszahl, weil bei den Römern die Jahre nach den regierenden Konsuln benannt wurden.

sine ira et studio = ohne Haß und Vorliebe, keinem zulieb und keinem zuleid, d. i. leidenschaftslos, unparteiisch, unbefangen (Tac. Annal. 1, 1)

sine loco et anno = s. l. e. a. = (bei Buchtitelangaben:) ohne Angaben von Ort und Jahr

sine tempore = ohne akadem. Viertel, pünktlich

sine ullo crimine = ohne irgendeine Beschuldigung

si non caste, caute tamen = wenn nicht keusch, doch klug!, nur den Schein bewahrt

sint, ut sunt, aut non sint = sie mögen bleiben, wie sie sind, oder nicht sein (bei Auflösung des Jesuitenordens General Ricci zum Papst Clemens XIV.)

si parva licet componere magnis = wenn es erlaubt ist, Kleines mit Großem zu vergleichen (Vergil „Georgica" 4, 176, wo die Arbeit der Bienen mit der der Zyklopen, die Blitze schmieden, verglichen wird)

si quid fecisti, nega oder nega, quod fecisti, auch abgek. fecisti nega = wenn du etwas begangen hast, so leugne es, oder leugne, was du (Böses) getan hast

si tacuisses, philosophus mansisses = wenn du geschwiegen hättest, so wärest du ein Philosoph geblieben oder ferner für weise gehalten worden, d. i. so hättest du nicht deine Unwissenheit verraten (Boetius)

sit illi (tibi) terra levis = es sei ihm (dir) die Erde leicht! od. sanft ruhe seine (deine) Asche!

sit venia verbo = wörtl. es sei Erlaubnis od Nachsicht dem Worte (gewährt), man erlaube od. entschuldige den Ausdruck, od. mit Erlaubnis zu sagen.

si vis amari, ama = willst du geliebt werden liebe (Senec. Epist. 9)

si vis pacem, para bellum = wenn du Frieden willst, so rüste dich zum Kriege (Vegetius 400 v. Chr.)

Societas Jesu = S. J. = Gesellschaft Jesu; Jesuiten

societas leonina = Löwengesellschaft, eine Gesellschaft, wobei sich einer alles nimmt und der andre nichts erhält (Aus Äsops Fabeln „Der Löwe und der wilde Esel" und „Der Löwe, der Esel und der Fuchs")

socordia et desidia bonum otium conterere = durch Sorglosigkeit u. Nichtstun die gute Mußezeit verbringen; auf der faulen Bärenhaut liegen (Sall. Cat. 4, 1)

solamen miseris (od. miserum) socios habuisse malorum, Sprw., es ist ein Trost für Unglückliche (od. der Unglücklichen), Genossen im Unglück gehabt zu haben; öfters verändert in: solamen miserum s. h. m., es ist ein trauriger Trost (Spinoza Ethik 4, 57)

solem quis diceret falsum esse = wer wagt zu sagen, daß die Sonne falsch sei (Virg. Georg. 1, 463)

soli Deo gloria! = Gott allein die Ehre!

Spartam et Martham (habere) = Amt und Weib Pfarre und Knarre (haben) spectatum veniunt, veniunt, spectentur ut ipsae = sie (die Frauen) kommen hin, um zu sehen, sie kommen, um selber gesehen zu werden (Ovid, ars am. 1, 99)

spem alicuius fallere (praecidere) = jemands Hoffnung täuschen; jemandem die Sache zu Wasser machen

spiritus familiaris = ein Schutzgeist, dienstbarer Geist

sponte asciam cruribus suis illidere = sich selbst ins Fleisch schneiden (Apul. Met. 3, 23)

spumare ex ore scelus, anhelare ex intimo pectore crudelitatem = aus dem Munde Verbrechen speien, tief aus der Brust Grausamkeit atmen; Gift und Galle speien (A. Her. 4; 55, 68)

Stabat mater = d. i. die Mutter (Jesu) stand (am Kreuze), ein mit diesen Worten anfangender berühmter Gesang der kathol. Kirche

stat ei in corde silex = er hat ein Herz von Stein (Tibull.)

stat nominis umbra = er (d. i. Pompejus) steht da, der Schatten eines Namens (Lucanus „Pharsalia“ 1, 135)

stat pro ratione voluntas = es besteht od. es gilt statt des Grundes der Wille od. die Willkür

stat sua cuique dies (Virg. Aen. 10, 467) = einem jeden ist sein Tag bestimmt, ein jeder muß einmal sterben

stipulam in alieno oculo facilius prospicere, quam in suo trabem = den Splitter im fremden Auge leichter sehen als den Balken im eigenen (Tert. Apol. 30)

strenua inertia = geschäftiger Müßiggang (Horaz Epist. 1; 11, 28) stultum facit Fortuna, quem vult perdere = töricht macht das Glück, wen es verderben will (Publilius Syrus 490)

stupor et admiratio eum incessit = Staunen und Bewunderung überkam ihn; er war wie aus den Wolken gefallen

suae quemque fortunae maxime poenitet = niemand ist mit seinem Schicksal zufrieden

suae quisque fortunae faber est = jeder ist seines Glückes Schmied (Appius de rep. ord. 1)

sua quisque incommoda optime novit = jeder kennt seinen Schaden am besten, weiß am besten, wo ihn der Schuh drückt

suave, mari magno, turbantibus aequora ventis, e terra magnum alterius spectare laborem = angenehm ist es, bei hohem Seegang, wenn die Winde die Fluten aufpeitschen, vom Lande aus des anderen große Mühe zu beobachten (Mark Aurel „Selbstbetrachtung" 2, 1, 2)

sub colore iuris = unter dem Scheine des Rechts

sub divo, sub dio od. sub Iove = unter freiem Himmel

sub omni canone = unter jeder Regel (daraus verderbt: unter aller Kanone) d. h. ganz schlecht

sub rosa = unter der Rose, im Vertrauen, insgeheim

sub spe rati = unter der Hoffnung der Genehmigung, oder mit dem Vorbehalte, daß der andere, in dessen Namen man etwas unterschrieben hat, es genehmige

sub voce = unter dem Stichwort

sudorem timere = Schweiß fürchten; nicht gern hartes Holz bohren (Sen. Ep. 31, 7) sui cuique mores fingunt fortunam = jedes Menschen Charakter gestaltet sein Glück; jeder ist seines Glückes Schmied (Nep. Att. 11, 6)

suis domestica plerumque sordent = für die Seinen ist das Häusliche meistens schmutzig; der Prophet gilt nichts in seinem Vaterlande (Plaut. 35; 10, 36, § 88)

suis fortuna cuique fingitur moribus = jeder ist seines Glückes Schmied (Cic. Parad. 5; 1, 34)

sum apud te primus = ich bin bei dir der Erste, Hahn im Korbe (Ter. Andr. 1; 2, 72)

summa summarum = alles in allem (Plaut. Truculentus 1)

summum ius, summa iniuria = das größte [strengste] Recht (ist oft) das größte Unrecht

sunt verba et voces = es sind nur Worte und Stimmen (Horaz Epist. 1; 1, 34)

suo se modulo ac pede metiri = sich nach seinem (nicht anderer) Maße messen, mit seinem Stande zufrieden sein (Horaz Epist. 1; 7, 98)

superbientem animus prosternet = den Übermütigen wirft der Hochmut nieder; Hochmut kommt vor dem Falle

superflua non nocent = Überflüssiges schadet nicht, besser zuviel als zuwenig

sursum corda! = empor die Herzen! erhebet die Herzen; in der kathol. Kirche eine Aufforderung an das Volk, welches darauf erwidert: habemus ad Dominum, d. i. wir haben sie zu dem Herrn (gerichtet) (Klagelieder Jeremias 3, 41)

suscipere et finire = unternehmen und zu Ende führen (Wahlspruch des Königs Ernst August von Hannover, unter dem hannoverschen Wappen befindlich)

sus Minervam (sc. docet) = die Sau lehrt Minerva (wenn ein Dummer einen Klugen unterrichten

will) (Minerva = Göttin der Weisheit); das Ei will klüger sein als die Henne (Cic. Ac. 1; 5, 18)
sustine et abstine = leide und meide (Epiktet, 50 n. Chr.)
suum cuique = jedem das Seine, od. was ihm zukommt, Sinnspruch des preußischen Schwarzen Adlerordens
suus cuique mos = jeder hat seine eigene Weise, jedem Narren gefällt seine Kappe

T

tabula Pythagorica = das Einmaleins
tabula rasa = eig. eine geschabte, glattgestrichene Wachstafel; daher eine glatte, leere Kupfer- od Steinplatte, ein unbeschriebenes Blatt
taciturniorem esse statua = stummer sein als eine Statue; stumm sein wie ein Fisch (Horaz Epist. 2; 2, 83)
tamen est laudanda voluntas = doch ist der Wille zu loben
tamquam truncus stipesque stat = wie ein Klotz steht er da
tandem aliquando = endlich einmal
tandem bona causa triumphat = endlich siegt die gute Sache
tantae molis erat Romanum condere gentem = soviel Mühe kostete es, das römische Volk zu gründen (Vergil Aen. 1, 33)
tantaene animis caelestibus irae? = Liegt soviel Zorn in der Seele der Himmlischen? (Virgil Aeneis 1, 11)
tantum religio potuit suadere malorum = soviel Unheil hat die Religion anzuraten vermocht (Lucretius † 55 v. Chr.)

tecto latere abscedere = mit gedeckter Seite davongehen; mit heiler Haut davonkommen (Tei heaut. 4; 2, 5)

te hominem esse memento = erinnere dich, daß du ein Mensch bist

tela, quae ab alio clam subministrantur, palam in aliquem iacere = die Pfeile öffentlich verschießen, die ein anderer heimlich geschnitzt hat (Cic. Cael. 9, 20)

temere = ins Blaue hinein

tempora mutantur nos et mutamur in illis = die Zeiten ändern sich, und wir ändern uns mit ihnen (Kaiser Lothar)

tempus edax rerum = die Zeit, die alles zernagt (Ovid. Metamorph. 15, 234)

tempus ipsum affert consilium = kommt Zeit kommt Rat

teneas tuis te! = zupfe dich an deiner Nase (Horaz, Satiren 2, 3, 324)

terminus a quo = der Anfangspunkt od. Zeitpunkt, von welchem man etwas rechnen muß, der Tag, von wo ab

terminus technicus = ein Kunstwort, Fachausdruck, Kunstausdruck

tertium comparationis = der Vergleichungspunkt zweier Gegenstände, das zum Vergleich herangezogene Dritte

tertium non datur = ein Drittes (ein dritter Fall) findet nicht statt, d. i. es gibt kein Drittes (Mittleres) zwischen zwei entgegengesetzten Dingen

te sollicitum esse nolo = ich will nicht, daß du besorgt bist; laß dir deshalb kein graues Haar wachsen

testimonium paupertatis = Armutszeugnis

tibi valde solet in ore esse = du pflegst es häufig im Munde zu führen

timeo Danaos et dona ferentes; siehe Seite 88 quidquid id est usw.

totum se fingere et accommodare ad alicuius arbitrium et nutum = sich ganz jemands Willkür und Verlangen anpassen; nach jemandes Pfeife tanzen (Cic. Or. 8, 24), [totum se ad alicuius voluntatem nutumque convertere]

trahit sua quemque voluptas = jeden reißt sein wollüstiges Verlangen hin; des Menschen Wille ist sein Himmelreich (Virg. Ecl. 2, 65)

tres faciunt collegium = drei machen (bilden) ein Kollegium, drei sind zu einem Kollegium nötig, drei machen spruchfähig (Digesten 87)

tria iuncta in una = drei in einem vereinigt

tribunus factus serva ordinem = wenn du zum Tribun gemacht bist, erhalte die Ordnung; wer ein Amt hat, warte sein

tu dic, quo pignore mecum certes = sage, um was du mit mir wetten willst (Virg. Ecl. 3, 31)

tu ne cede malis, sed contra audentior ito = weiche dem Unglück nicht, sondern noch kühner geh' ihm entgegen (Virg. Aen. 6, 95)

tunc etiam fatis aperit Cassandra futuris ora, dei iussu non unquam credita Teucris = da tut auch den Mund auf und spricht vom künftigen Geschick Kassandra, die auf des Gottes Geheiß nie Glauben gefunden bei den Troern (Vergil. Aeneis 2)

tunica pallio propior = das Hemd ist mir näher als der Rock (Plaut. Trin. 5, 2, 30)

tu si hic sis, aliter sentias = wenn du hier (an meiner Stelle) wärest, würdest du anders denken tute hoc intristi; tibi omne est exedendum = du hast es eingerührt; du mußt es auch ganz aussessen (Ter. Phorm. 2, 2)

U

ubi bene, ibi patria = wo mir's wohl geht, da ist mein Vaterland (Aristophanes, Plutos)

ubi lex, ibi poena = wo ein Gesetz ist, da ist auch Strafe

ubi periculum, ibi lex = wo eine Gefahr ist oder entsteht, da ist oder entsteht auch ein Gesetz

Ucalegon ardet, paries cum proximus ardet, Ucalegon (d. i. das Haus des Ucalegon, eines Trojaners) brennt, (d. h. du bist selbst in Gefahr), wenn das benachbarte Haus brennt (Vergil. Aeneis 2, 312)

udus tamquam mus = naß wie eine Maus

ulcus est = es ist eine wunde Stelle, taugt nicht viel (Cic. de nat. 1, 37, 104)

ulcus tangere = ein Geschwür, einen kitzlichen Punkt berühren (Ter. Phorm. 4; 4, 9)

ultima ratio = die letzte Entscheidung, das letzte Mittel

ultima Thule = das entfernteste Thule (Virgil Georg. 1, 30)

ultimo = am Letzten (des Monats)

ultra alterum tantum = mehr als noch einmal soviel, über das Doppelte

ultra posse nemo obligatur = über sein Vermögen etwas zu tun, ist niemand verpflichtet (Celsus)

ultro istum a me = fort mit dem Menschen! weg mit ihm! (Plaut.)

umbram timere = sogar den Schatten fürchten, d. h. ohne Not in Furcht sein (Cic. ad. Att. 15, 20, 4)

una hirundo non facit ver = eine Schwalbe macht keinen Sommer

una pensione solvere = auf einem Brett bezahlen (d. h. auf einmal)

una salus victis nullam sperare salutem = nur ein Heil bleibt den Besiegten: auf kein Heil mehr zu hoffen (Verg. Aen. 2, 354)

unguibus et rostro = mit Klauen und Schnabel, d. i. mit aller Kraft

unitis viribus od. viribus unitis = mit vereinten Kräften, mit gesamter Macht

uno opere eandem incudem die nocteque tundit = denselben Amboß schlägt er mit einer Arbeit Tag und Nacht; es ist immer dieselbe Leier (Cic. de or. 2; 39, 162)

unum pro multis dabitur caput = ein Haupt wird geopfert für viele (Verg. Aen. 5, 8, 14: auf Neptuns Verheißung, daß Aeneas und die Seinen das Land erreichen würden außer einem, wird der Steuermann ins Meer geworfen)

unus multorum = (einer der vielen) ein Dutzendmensch (Horaz Satiren 1, 8, 71)

urbi et orbi = der Stadt Rom und dem Erdkreise, d. h. aller Welt

usus est tyrannus = der Gebrauch ist Tyrann, d. i. herrscht unumschränkt (Horaz ars poët. 71)

ut desint vires, tamen est laudanda voluntas = wenn auch die Kräfte fehlen, so ist doch der Wille zu loben

ut homines sunt, ita morem geras = wie die Menschen sind, so mußt du ihnen willfahren; man muß mit den Wölfen heulen (Ter. Ad. 3, 3, 77)

utile dulci = das Nützliche mit dem Angenehmen (vereinigen) (Horaz ars poët. 343)
ut quisque fortuna utitur, ita praecellet = wie ein jeder sein Glück gebraucht, so zeichnet es sich aus; jeder ist seines Glückes Schmied (Plaut. Ps. 2, 3, 13)
utrique parti favere = (es mit beiden Parteien halten), auf zwei Achseln tragen
ut sementem feceris, ita metes = wie du säest, so wirst du ernten (Cic. de orat. 2; 65, 261)
uxorium se praebet = er beweist sich als vom Weibe abhängig; er steht unter dem Pantoffel (Mart. Sat. 7, 3, 19), [od. uxorius regnum sentit u. uxor eum torquet u. uxor ei imperat]

V

vademecum = geh mit mir; bekam die Bedeutung Taschenbuch, Leitfaden
vae misero! = wehe dem Elenden!
vae victis! = wehe den Besiegten! (Brennus 390 v. Chr.)
valete! = lebet wohl!, auch bene valete! Abschiedswunsch
vana surdis auribus canere = tauben Ohren predigen (Liv. 40, 8, § 10)
vanitas vanitatum et omnia vanitas = die Eitelkeit der Eitelkeiten und alles ist eitel (Pred. Salomo 1, 2)
varam vibia sequitur = ein Übel folgt dem andern (Auson. praef. ad monosyll. 12)
variatio delectat = Abwechslung ergötzt oder macht Vergnügen
varietas delectat (Phaedr. 2. Fab.) = Abwechselung ergötzt

varium et mutabile semper femina = das Weib ist stets schwankend und veränderlich (Virg. Aen. 4, 563)

velle suum cuique est = jeder hat seinen Willen; des Menschen Wille ist sein Himmelreich (Pers. 5, 53)

venatum ducere invitas canes = Hunde wider ihren Willen zum Jagen führen; den Hund aufs Jagen tragen (Plaut. Stich. 1; 2, 83) (Unnütze Arbeit tun)

venia sit dicto = mit Ehren zu melden

veni creator spiritus = komm, Schöpfergeist! o komm, heiliger Geist! (ein mit diesen Worten beginnender alter Kirchengesang)

veni, vidi, vici = ich kam, sah, siegte, Ausspruch Cäsars, als er König Pharnaces bei Zela im Pontus schnell besiegt hatte

verba alicui dare = (leere) Worte geben, jemandem ein X für ein U vormachen

verba dare ventis (in ventos) = in den Wind reden (Val. Flacc. 5, 21; Ovid Amor. 1, 6, 42)

verba res sequitur = den Worten folgt die Tat

verbis aliquem castigare = jem. mit Worten züchtigen; jemandem die Leviten lesen

verbis parvam rem magnam facere = eine kleine Sache mit Worten groß machen; aus einer Mücke einen Elefanten machen (Poëta comic. bei Cael. 13, 36, vgl. Liv. 41; 24, 17)

verbotenus = ganz wörtlich

vereri perdidit = er hat weder Scham noch Scheu (Plaut. Bacch. 1; 2, 50)

veritas odium parit = Wahrheit erzeugt Haß od. macht verhaßt

veritatem sequi et tueri iustitiam = (man muß) die Wahrheit suchen und auch die Gerechtigkeit nicht aus den Augen lassen verte, si placet! = bitte wenden!

versate diu quid ferre recusent, quid valeant humeri = überlegt reiflich, was die Schultern zu tragen verweigern, was sie vermögen (Hor. ars poët. 39)

versatum esse = (weit) herumgekommen sein; Haare auf den Zähnen haben

vestigia me terrent = die Fußstapfen schrecken mich ab, d. h. ich scheue mich, weiterzugehen (so sprach der Fuchs zum kranken Löwen in der bekannten Fabel Äsops 246), und so soll nach Zincgref „Apophth.", Straßburg 1626, S. 49, Kaiser Rudolf I. geantwortet haben, als er gefragt wurde, ob er nicht nach Rom reisen wolle, um sich vom Papst salben zu lassen)

vestis virum reddit = die Kleidung macht den Mann; Kleider machen Leute (Quint. inst. orat. 8, 5)

veto = ich verbiete, erhebe Einspruch

via hostibus, qua fugiant, munienda = der Fluchtweg muß den Feinden gebahnt werden; dem fliehenden Feinde muß man eine goldene Brücke bauen (Scipio bei Vegetius Mil. 3, 21)

vice versa = v. v. = umgekehrt

victrix causa diis placuit, sed victa Catoni = die siegreiche Sache gefiel den Göttern, die besiegte dem Cato (Lucanus Pharsalia 1, 128)

vide = siehe!

vidi = ich habe gesehen; Bescheinigung der Einsichtnahme in eine Schrift

vidit = er hat gesehen

videant consules, ne quid respublica detrimenti capiat = mögen die Konsuln darauf sehen, daß der Staat keinen Schaden nehme; bei den Römern die Fassung eines Beschlusses, durch den die Konsuln in gefahrvollen Zeiten mit größerer Gewalt ausgerüstet wurden

videre nostra mala non possumus: alii simul delinquunt, censores sumus = unsere eigenen Fehler können wir nicht sehen; sobald andere gefehlt haben, sind wir strenge Richter (Phaedr. 4; 10, 5)

vigilantibus leges sunt scriptae = für die Wachenden sind die Gesetze geschrieben, d. i. um sein Recht zu wahren, muß man wachsam sein

vinum lac senum = Wein ist die Milch der Greise

viperam sub ala nutricare = eine Schlange unter der Achsel haben, d. h. am Busen haben

viribus unitis = mit vereinten Kräften (Wahlspruch Kaiser Franz Josephs I.)

virtute et exemplo = durch tugendhaftes Beispiel (Wahlspruch Kaiser Josephs II.)

virtuti et ingenio = der Tugend und dem Talente (Inschrift eines sächsischen Ordens)

virtuti et merito = der Tugend und dem Verdienste (Sinnspruch auf dem span. Karlsorden)

virtuti in bello = der Tapferkeit im Kriege (Aufschrift auf dem Kreuze des sächs. Militär-St.-Heinrich-Ordens)

vis consilii expers mole ruit sua = Gewalt ohne Überlegung stürzt durch eigene Macht (Horaz Oden 3; 4, 65)

vis maior = höhere Gewalt

vita brevis, ars longa = das Leben ist kurz die Kunst lang (Hippokrates)

vitae summa brevis spem nos vetat inchoare longam = des Lebens kurze Spanne verbietet uns, eine lange Hoffnung anzufangen (Horaz Oden 1; 4, 15)

vitam impendere vero = das Leben der Wahrheit weihen (Iuvenal 4, 91)

vivat, crescat, floreat! = es lebe, wachse, blühe!

vivat sequens = es lebe der Folgende!

viva vox docet = die lebendige Stimme lehrt, d. i. das lebendige Wort hat belehrende Kraft

vivere est militare = leben heißt kämpfen (Sen Epist. 96)

vivos voco, mortuos plango, fulgura frango = Lebende rufe ich, Tote beklage ich, Blitze breche ich (häufig vorkommende Inschrift auf Glocken, daher von Schiller als Motto seines „Lied von der Glocke“ verwendet)

vix ossibus haeret = er hängt kaum in den Knochen, in der Haut (Virg. Ecl. 3, 102)

volente Deo = wenn Gott will, mit Gottes Willen

vox clamantis in deserto = die Stimme des Predigers in der Wüste (Johannes der Täufer); ein verhallendes, wirkungsloses Wort der Wahrheit

vox populi vox Dei = Volksstimme (ist) Gottesstimme

vulpes iungere = Füchse zusammenspannen (von etwas Unmöglichem) (Virg. ecl. 3, 91)

vulpes pilum mutat, non mores = der Fuchs wechselt den Balg, nicht die Sitten (Sueton Vespasian 16), alte Füchse ändern den Balg, aber nicht den Schalk

Bemerkungen zur Benutzung des Schlagwortregisters

Hinsichtlich der Benutzung des Schlagwortregisters wird nochmals auf die Ausführung im Vorwort verwiesen.

Das Anfangswort eines lateinischen Zitates ist im lateinischen Register nicht aufgeführt. Wenn der Suchende den Anfang des Zitates noch kennt, so wird er es unter diesem Wort im Hauptteil finden.

Kennt er nur noch einzelne Worte oder den Sinn eines Zitates, so werden ihm die Schlagwörter in dem lateinischen und deutschen Register das Auffinden erleichtern.

Ein Beispiel:

cave canem = hüte dich vor dem Hunde

c a v e, da Anfangswort, ist im Register nicht aufgeführt,

c a n e m ist im lateinischen Schlagwortregister zu finden.

An Hand des Schlagwortes „Hund“ im deutschen Register kann man sich nötigenfalls weiterhin helfen.

Lateinisches Schlagwortregister

B

C

D

E

F

J

L

M

N

O

Q

R

S

T

U

V

Deutsches Schlagwortregister

A

B

C

D

E

F

G

H

I

J

K

L

M

N

O

P

Q

R

S

T

U

V

W

Z